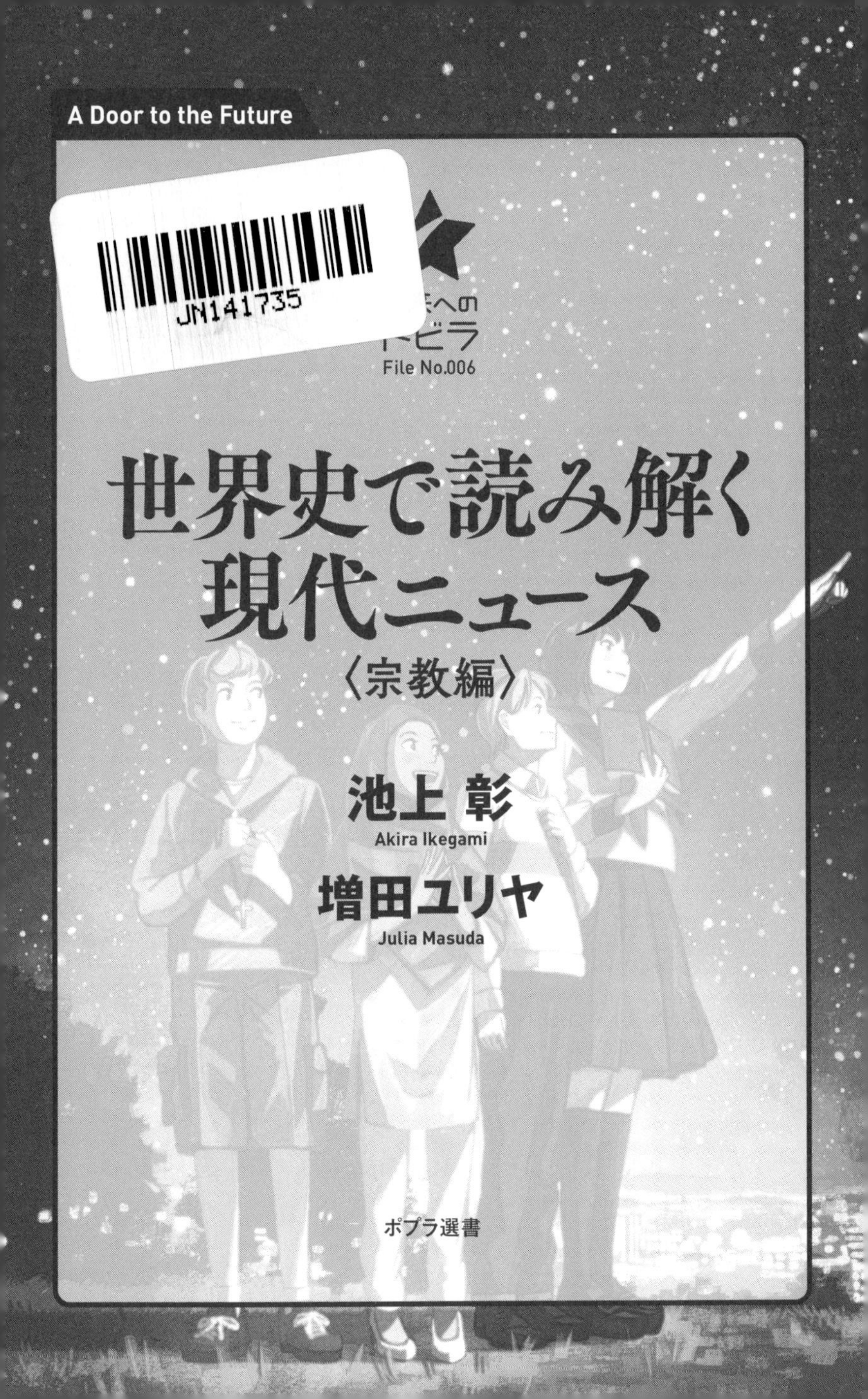

A Door to the Future

File No.006

世界史で読み解く現代ニュース
〈宗教編〉

池上 彰
Akira Ikegami

増田ユリヤ
Julia Masuda

ポプラ選書

カバー装画　げみ
カバーデザイン　bookwall

はじめに——なぜ今、宗教を知らねばならないのか

常に世界の動きに影響を与え続ける宗教

増田　最近、世界で起こっているさまざまなニュースを見ていると、歴史というのは、こんなにも引きずって、脈々と影響《えいきょう》を与えるものなんだと、改めて思っているんです。中でも世界史には宗教が密接に関わっていることを改めて実感するニュースがとても多いですよね。だからこそ、世界の歴史をもっと知っておかないと、ますます自分たちが生きている社会や時代の動きについていけなくなってしまう思いがあります。

池上　増田さんとの前の本『世界史で読み解く現代ニュース』（ポプラ新書、ポプラ選書）でも言いましたけれど、私は高校の頃《ころ》、世界史がどうも苦手でした。それぞれの時代に、それぞれの地域で、いろいろな人や出来事がたくさん出てきて、そ

れを覚えるだけでもたいへん。さらにそれらがそれぞれどのように関わっていくのか、とても理解できませんでした。でも、今のニュースを理解する上では、その出来事の時代背景を知っておかないとなかなか読み解けないようなことが多いのです。

近年のウクライナをめぐる情勢などは、まさにそうですよね。ウクライナの混乱に乗じて、二〇一四年、ロシアがクリミア半島を併合《へいごう》し、アメリカやヨーロッパの国々が、ロシアを非難し続けています。そこには根深い歴史的な経緯《けいい》があります。宗教が大きく関わっているんですね。現在のウクライナ情勢の起点になっているのは、一八五三年から三年間続いたクリミア戦争ですよね。

増田　ロシアとオスマン帝国との戦争ですね。戦争が起こった大きなきっかけは、ロシアが、オスマン帝国の領内にあった聖地エルサレムの管理権を要求したことでした。ロシアは当時、南下政策という、南側に領土を広げるための動きを強めていて、一八五三年、オスマン帝国領内にいるギリシャ正教（東方正教）徒を保護することを名目に、クリミア半島から南のオスマン帝国の領土へ侵攻《しんこう》します。ギリシャ正教は、キリスト教の教派のひとつで、ロシアではロシア正教としてロシア人が多く信仰していました。ですから、その教徒の保護を理由にすることで、ロシア国内での侵攻への支持も高まるわけですね。

池上　そのロシアの動きに対してイギリスとフランスが反発します。イギリス、フランスがオスマン帝国と同盟を組み、ロシアと戦うことになりました。その結果、それまでにないような規模の戦争になっていくわけですね。**もちろん戦争が勃発《ぼっぱつ》する要因はいろいろとあるのですが、その中でも宗教が大きな意味をもっていました。**

また、多民族国家だった旧ユーゴスラビアで一九九一年に紛争《ふんそう》が起こり、ひとつの国がばらばらに解体していきます。この際も、宗教や民族が異なるという理由で悲惨《ひさん》な戦いが繰り広げられました。

ウクライナや旧ユーゴスラビアというのは、イスラム圏《けん》のオスマン帝国とキリスト教圏のヨーロッパの勢力圏の境界付近に位置していたわけで、そういう場所で現代もいろいろなことが起こっています。

増田　宗教をめぐる歴史が、こんなにも世界情勢に影響を与えているんですね。

なぜ今も、宗教によって争いが生まれているのか

増田　これまでも宗教をめぐる争いは歴史的に繰《く》り返されてきているわけですけれど、最近、特に目立つような気がしています。

池上　昔は東西冷戦の枠《わく》組みの中で第三次世界大戦が起こらないように、ソ連を中心にしたグループとアメリカ中心のグループがつくられていて、無理矢理、ぐっと抑《おさ》えていたものがあったのでしょう。東西冷戦が終わって、今は、その争いを抑えられる存在がいなくなってしまったというのが大きな理由だと思います。

増田　ヨーロッパはキリスト教文化が根づいています。例えば、街の中心には教会がありますし、キリスト教の教えが生活する上で意識的にも無意識的にも植えつけられて社会ができあがっているところがある。

だから今、いくら無宗教の人が増えてきているとはいえ、そうして根づいているものが、移民で増えているイスラム教の人たちを社会から追いやるような雰囲気《ふんいき》を醸成《じょうせい》している状況《じょうきょう》もあると思うんですね。

池上　ＥＵは二〇一九年、二八か国にまで広がっています。ですが、加盟を求めているトルコをずっと加入させていません。トルコに対してＥＵは、民主主義が十分でない、死刑制度がある、クルド人のクルド語の使用を認めていないといっては、ことあるごとに加盟要求を却下《きゃっか》しています。その度《たび》にトルコは、死刑を廃止《はいし》し、クルド語の使用を認めるなどしてきました。しかしトルコがそうやって対応しても、ＥＵが新しいハードルを次から次へと出してくるわけです。だから、いつまでたってもトルコはＥＵに加盟できない。

これをよく見てみると、ＥＵというのは実はキリスト教圏の枠組みなんですね。プロテスタントとカトリック、ギリシャ正教と、みんなキリスト教文化で成り立っている国でまとまっている。しかしトルコは、イスラム教の国ですから、その国を入れるわけにはいかないといった意識が働いてしまうのではないでしょうか。

トルコより後にＥＵに加盟したいと手を挙げたブルガリアやルーマニア、そしてクロアチアは加入を認められています。これら三か国は、いずれもキリスト教の国です。

増田　そういう状況から見えてくるのは、キリスト教だけに限ったことではなく、宗教というものが、歴史や社会に大きな影響を与えていることです。要は、**人が生活する上での共通の理解や思想であり、バックボーンになっているということなんですよね。**人は、なるべくならそういった共通理解がある関係の中で過ごしたい。そのほうがいちいち相手がどういう考えで行動するのか、ひとつひとつ確かめなくてすむわけで、安心感があります。そしてそのような人間の生活が積み重ねられることで歴史ができあがっている。

宗教というのは、すごく生活に根づいたものなんですよね。何を大事に思うかであったり、ものごとの捉《とら》え方を支えているものであったりするからこそ、いざとなると異なる宗教の間で摩擦《まさつ》も起こるし、感情的に衝突《しょうとつ》して、もめてしまうところも出てくる。ただ、そういう感覚が、日本で暮らしている多くの人にはわからないところがあると思うんです。

クリミアに取材に行ったときに通訳をしてくれた三〇代の女性から聞いた話です。彼女が子どもだったソ連時代、宗教は否定されていました。でも、おばあさんが口シア正教を信仰《しんこう》していたから、両親には内緒《ないしょ》で秘密の教会に連れていってくれて、お祈《いの》りの仕方などを教えてくれたというんです。

その後、ソ連が崩壊《ほうかい》してロシアになったとたん、ロシア正教がすぐに復活してくるわけですね。結局、信仰というのは毎日の生活に結びついている。だから公《おおやけ》に認められてない時代であっても、脈々と続いているんですよね。

池上　中央アジアのイスラム教もソ連に抑圧《よくあつ》されていましたけれど、その崩壊後は、みんなイスラム教の国になってしまいました。やはり宗教というのは、ものすごく根強いんですね。たとえ政治的に抑圧される状況に置かれたりしても、最後の心の支えが宗教になったりする場面もあります。

また、中国で今、キリスト教がどんどん広まっています。共産主義もほぼ崩《くず》れ、共産党は腐敗《ふはい》している。依《よ》るべきモラルがないとき、人は宗教に助けを求めるんですね。

宗教について考える難しさ

増田　私は、高校で歴史と現代社会を教えていましたが、宗教を教えるのはなかなか難しいと思うんです。日本では日々、そんなに宗教のことを意識して暮らしていないと思います。せいぜい冠婚葬祭《かんこんそうさい》や、仏教やキリスト教系の幼稚園《ようちえん》や保育園、学校などに通ったことがあるという関わりくらいかもしれませんね。イスラム教やユダヤ教などになってくるとほとんど接点がないでしょうし、そうすると、教える側も教えられる側も、教科書に書いてあるようなことでも、日本の歴史以上にもっと想像力が働かなくなって、具体的に捉えにくいと思うんです。

池上　高等学校の世界史の教科書を読むと、西洋の思想の源泉となったのは、ギリシャの思想とキリスト教である。そしてキリスト教は、ユダヤ教を母胎《ぼたい》としているといったことが書かれていますよね。

増田　源泉と言われても、それがまず実感としてよく理解できないところがあるんです。

池上　なるほど。きっと教える側も宗教のことがよくわからないまま、教科書に書いてあるから、ユダヤ教とはこういうもので、キリスト教とはこういうものと伝えるだけになってしまっているところがあるのでしょうね。

例えば、アメリカの大統領は、就任式典のときに聖書に手を置いて宣誓《せんせい》します。今、ウクライナで起こっていることも宗教が関わっている。アメリカでもヨーロッパでも、実は宗教が背景にあって、さまざまな文化が生まれ、政治が動き、あるいは争いも生まれている。それらのことを理解するためには、まずはキリスト教を知っておく必要がある。そしてそのキリスト教というのは、ユダヤ教から生まれたんだと。だから、ユダヤ教がどういう宗教なのか見てみよう。そういうふうに考えていくと、興味もわくし、意識の仕方も変わってくるのではないでしょうか。

増田　今起こっているニュースから歴史や宗教をひもとくという発想は、自分に引きつけて考えることにつながりますから、とても大切です。

池上　そうなんですよね。最近、イスラム教に関わる大きな問題が、立て続けに世界で起こっています。しかし日本では、イスラム教についての理解がまず乏《とぼ》しいですね。イスラム教も、ユダヤ教とキリスト教と同じ唯一神《ゆいいつしん》を信仰していて、共通した世界観をもっているのですが。

増田　三つの宗教が、あるひとつの流れをともなっているという認識《にんしき》も薄《うす》いのではないでしょうか。例えばパレスチナ問題についても、多くの人には、ユダヤ教、キリスト教、イスラム教、それぞれにとっての聖地エルサレムがあるイスラエルで、何かもめているようだといった感覚しかないかもしれません。

池上　**その三つの一神教が、どういうふうに成り立ってきたかを知ると、今、世界で起こっていることへの理解も増すんですね。**

いわゆる「イスラム国」（ＩＳ）の問題にしても、なんであんな過激な考え方が出てくるんだろう。怖《こわ》いなあ、嫌《いや》だなあと思う人も多いでしょう。けれどそう思う前に、「イスラム国」はどんな存在なのかを知ることが大切です。それにはイスラム教のことを知る必要がある。するとイスラム教のことを知るためには、キリスト教やユダヤ教についても知っておいたほうがいいことにすぐに気づくでしょう。

増田　そういうふうに宗教や歴史を捉える意識が変わると、世界で起こっていることへの見方も変わります。

池上　この本では、ユダヤ教、キリスト教、イスラム教の歴史や教えについて増田さんが解説し、それが現代にどのように具体的につながっているかを私が解き明かします。みなさんにとって宗教が、そして世界の歴史がより具体的になり、それぞれのニュースにどのような背景があるのかが見えてくることを願っています。

世界史で読み解く現代ニュース　〈宗教編〉／目次

第2章

世界に影響力をもつキリスト教の現在、そしてこれから

ニュースの背後にキリスト教あり

第3章 世界情勢の根元にあるユダヤ教

増田ユリヤ　脈々と続くユダヤ教の信仰……198

ベーグルを知っていますか？／ユダヤ教に入信すればユダヤ人／ユダヤ人の歴史／ユダヤ教が生まれる／選民思想、律法主義、救世主（メシア）がユダヤ教の特徴／ユダヤ人たちの生活の中心にある律法とは／食べてもよいもの、よくないもの／過越しの祭（ペサハ）を知ると、ユダヤ人がわかる／自国をもてなかったユダヤ人の悲劇／六〇〇万人が犠牲になったホロコースト／ユダヤ人を論理的にするのは宗教儀礼のおかげ？

池上彰　繰り返される報復の歴史……217

ノーベル賞受賞者を多数輩出するユダヤ人社会／ハリウッドで活躍するユダヤ人／メディアの世界で活躍するユダヤ人／ユダヤ人科学者が原爆開発のきっかけ／禍根を残したイギリスの三枚舌外交／国連に委ねられたパレスチナ問題／イスラエル建国と中東戦争勃発／パレスチナ難民の発生／「土地と平和の交換」／パレスチナ人の反撃始まる／「オスロ合意」

地図作成・デザイン春秋会
写真・増田ユリヤ（クレジットのあるものを除く）
P107 ©Sipa Press/amanaimages
P135 ©www.bridgemanart.com/amanaimages
P180 ©ZUMA Press/amanaimages

第1章

今、イスラム教に何が起こっているのか

イスラム教をめぐる世界の状況

池上　今、最もニュースで取り上げられる宗教といえばイスラム教でしょう。イスラム教に関わる大きな事件が世界中で起こっています。例えば二〇一五年四月には、アフリカ・ケニア東部のガリッサの大学がイスラム過激派「アル・シャバブ」に襲《しゅう》撃《げき》され、一五〇人近い犠牲者《ぎせいしゃ》が出ました。襲撃グループは、学生にイスラム教の聖典『コーラン』の一節を暗唱できるかどうかを試《ため》し、できなかった者はキリスト教徒とみなして、その場で射殺するという恐るべき「死の選別」を実行したのです。

「アル・シャバブ」は、ケニアの隣国《りんごく》ソマリアの過激派組織で、しばしばケニア側へ攻撃を仕掛けてくるため、ケニア軍がソマリア国内に入って掃討《そうとう》作戦を実施《じっし》中でした。彼らは、その報復として襲撃したと主張しています。

同じアフリカでは、二〇一四年四月、ナイジェリアで「ボコ・ハラム」というイスラム過激派組織が、二七〇人以上の女子生徒を拉致《らち》しました。

さらに同じ年の六月、イラクとシリアにまたがる地域で活動していたイスラム過激派組織が、自称《じしょう》「イスラム国」（IS）の樹立を宣言します。

これに対しアメリカをはじめとした有志連合は、イラク国内で「イスラム国」に対する空爆を行います。しかし「イスラム国」は、シリアやイラクの政府軍兵士やアメリカ人ジャーナリストなど、多くの捕虜《ほりょ》、人質《ひとじち》をとり、殺害して対抗《たいこう》します。

さらにさらにショッキングなことに、二〇一五年一月には、拘束《こうそく》した二人の日本人の殺害を予告し、残虐《ざんぎゃく》な方法で二人を殺害しました。

増田　殺害された後藤健二さんは、池上さんのお知り合いでしたから、その衝撃は大きかったでしょうね。一時は憔悴《しょうすい》しきっているように見えましたよ。

池上　その通りです。後藤さんは、紛争《ふんそう》の犠牲《ぎせい》者である女性や子どもたちの様子を世界に伝えるという仕事をしてきた人です。イスラム世界にも理解があり、決してイスラム教徒の敵ではなかったのに、あのようなことになり、言葉もありません。

増田　その事件の直前には、イスラム教の預言者ムハンマドの風刺《ふうし》画を掲載《けいさい》したフランスの週刊紙「シャルリ・エブド」の編集部がテロの標的になり、多くの死傷者が出ています。私はこれまで頻繁《ひんぱん》にフランスに行き、イスラム教徒の移民が多く住む地域での取材をしてきただけに、ショックでした。

池上　これまでも中東では、さまざまな紛争が起こってきましたし、過激な行為に走るイスラム教徒の集団がいるのも事実です。グローバル化する世界では、問題もどんどん国際化してきています。

ただ、もちろんそれらはイスラム教やイスラム教徒にだけ問題があって起こっているわけではありません。

増田　そうですね。フランスでもイスラム教徒や移民へのヘイトスピーチや排斥《はいせき》運動が行われていて、極右の人たちが、「イスラム教徒とアルジェリア人はいらない」といったことを公《おおやけ》に発言しているような状況があります。

またフランスには、国民戦線（現在は国民連合）という極右政党があるのですが、党首はマリーヌ・ル・ペンという女性で、反イスラム的な言動をとっています。テレビでは彼女の演説も流れていますし、社会的に人気もあります。そしてその彼女が率いる国民戦線が、二〇一四年に行われたフランスのEU議会の選挙では、与《よ》党《とう》・社会党より多くの議席を獲得しました。

池上　フランス国内の議会とは別にEU議会があって、フランスから選出する議員の中での最大議席が、極右政党である国民戦線なんですよね。

増田　そういう人種や宗教をめぐって対立が深まる社会状況が、負の循環《じゅんかん》を生む要因になっているわけです。

池上　ヨーロッパ全体でそういった状況《じょうきょう》がありますね。イギリスではイギリス独立党がEU議会における第一党です。イギリス独立党なんて聞いたことがなくて、イギリスは労働党と保守党の二つの政党しかないと思っている方も多いのではないでしょうか。もうひとつ自由民主党という政党もあるのですが、その三つの政党とも違って、「イギリスはEUから脱退すべきだ」と主張しているイギリス独立党が、EU議会において最大議席を獲得しているんです。

増田　フィンランドでも、真のフィンランド人という右派政党が出てきて、移民排斥を訴えています。

移民は、社会保障の充実しているところに集まります。EUへいったん入ってしまえば、EU内はどこにでも行けるようになる。彼らは貧しいですから税金や社会保障費を負担することもありません。そうすると、「我々の税金で成り立っている社会保障へのただ乗りである」という不満が生まれてくる。あるいは移民の流入によって職が奪《うば》われる、もしくは奪われたと思う人たちも出てきます。その結果、あまり学歴もなく、貧《まず》しい白人たちの間で移民に対する反感が強くなってきます。中でも宗教をはじめ文化や生活が異なり、社会の中で目立つ存在のイスラム教徒に対する偏見《へんけん》や怒《いか》りを募《つの》らせる人たちも出てくる。そういった構造になってしまっているんです。

フランスでは、マリーヌ・ル・ペンが国民戦線の党首になってから、それまでの強硬《きょうこう》な排外《はいがい》主義的な路線をソフトなイメージに変更《へんこう》したことで、支持する層が広がったと思います。

国民戦線を創設し、大統領選にも立候補したことがあるジャン＝マリー・ル・ペンが、マリーヌ・ル・ペンの父親です。彼は差別的な言動が多く、高学歴層にはあまり相手にされませんでした。ですから彼への支持が高まると、一方で危機感から彼への反発も非常に強まりました。しかし娘は、人々の移民への不満を取り込み、支持を得られるぎりぎりの内容の発言がどんなものかを心得ているのだと思いますね。

イスラム教だけが特別なのか？

池上　表現の仕方でイメージが変化するということを考えると、例えば「イスラム原理主義」という言い方があります。これは神の前でみんなが平等であったムハンマドの時代に戻ろうというイスラム教の復興運動があり、それをキリスト教系の学者が、イスラム原理主義と呼んだわけです。そのうちのほんの一握《ひとにぎ》りの人たちが、武装闘争《とうそう》をしているイスラム原理主義過激派であって、イスラム原理主義者のほとんどは過激派でもなんでもないんですね。

増田　原理主義というだけで、多くの人にとっては、悪い、怖《こわ》いといったイメージにつながるところがありますからね。伝え方の問題も大きいですし、印象や先入観というのは人の考え方を狭《せば》めます。

池上　例えば一九六〇年代後半から七〇年代にかけて、北アイルランドで大きな紛争が起こります。北アイルランドでは、プロテスタントが社会的に優位な立場にあって、カトリックの人たちは差別されていました。その不満が爆発してカトリックとプロテスタントの殺し合いが起こったわけです。**でもあのとき、誰《だれ》も「キリスト教って怖い宗教だよね」とは言わなかったんですよね。日本に限らず、キリスト教社会においても、イスラム教は怖いといった偏見があるんです。**

また、キリスト教徒にも原理主義者はいます。例えば、彼らは、『創世記』にある「産めよ、増えよ」という神様の言いつけに従わなければいけないと考え、妊娠《にんしん》中絶は決して認められないと言います。その考えがエスカレートした結果、アメリカでは中絶手術をしているクリニックを原理主義者が襲撃して、医者を殺害する事件が起こっています。母親のお腹《なか》にいる赤ん坊の命を奪うのは殺人であり、決して許せないと言いながら、医者を殺してしまうんですから、とても不思議なことですね。

増田　**宗教を盲信《もうしん》すると、決して合理的ではない行動に出てしまうことがあります。**

聖典を後世の者たちが勝手に解釈《かいしゃく》して、とんでもない行動に出ることがある。

池上　神がそうおっしゃっているのだからと、勝手な解釈をしておいて、それ以上、疑問をもたないんです。

増田　それが信仰《しんこう》であり、宗教というものの一側面なんですね。ただ、宗教といっても、それをどのように信仰するかは人や社会環境《かんきょう》それぞれで微妙《びみょう》に異なっていいます。

池上　イスラム教といっても一概《いちがい》には言えないもので、さまざまな派もあり、少しずつ神の教えに対する解釈が異なっていたりするわけです。もちろん、それはユダヤ教であれ、キリスト教であれ、仏教であっても同じようなことが言えるでしょう。

増田　その中で極端《きょくたん》な考え方をもつ人たちが出てくる場合があるのも、どの宗教でもあることですね。

今起こっていることを考えるために

増田　**イスラムの教えをどういうふうに捉《とら》えていくかによって、イスラム原理主義過激派のことが見えてきますね。**

経済面で言えば、イスラム教の教えの中には、喜捨《きしゃ》といって、豊かな者が貧しき者に施《ほどこ》すことで、みんなが平等になるという考え方があります。だから資本主義は、イスラム教の教えに反するという考え方もあるんです。現代の格差に対しても、おかしいのではないかと不満をもつイスラム教徒の人たちがいる。そうすると、その不満から、攻撃対象が資本主義諸国に向かうことにもなる。また、その社会を結果的に認めているキリスト教にも向かっていく。そういう背景もあるんですね。

池上　資本主義を敵対視するイスラム教徒もいるでしょう。ただ、その資本主義の国の中でも、**イスラム教徒にとってアメリカは特別な存在です。なぜならイスラエルを支援《しえん》しているからです。**

現在起こっている事件の大本にあるのは、中東問題です。第二次世界大戦後、パレスチナの地にユダヤ人が大勢移り住んできて、イスラエルという国をつくり、その土地を争って戦争が始まります。ユダヤ人の国家ができたことによって、そこに住んでいた大勢のアラブ人たちが土地を追われて難民となります。パレスチナからの難民だからパレスチナ人と呼ばれるようになるわけです。そこから対立構造が始まった。

イスラム教徒が住んでいる土地を奪《うば》ったユダヤ人と戦い、土地を守ることは、過激派だけではなくて、すべてのイスラム教徒にとってジハード（聖なる戦い）です。したがって、パレスチナ人のイスラエルとの戦いは、その方法はともかく、世界中のイスラム教徒が支持しています。また、アメリカがイスラエルを支援している。だからアメリカは許せないといった思いを抱いているイスラム教徒も多い。そういう状況の中でイスラム原理主義過激派が生まれ、アメリカへのテロという行為につながっていった。ですから中東問題を解決しなければ、病根を取り除くことはできず、延々と争いは続いていくでしょう。

増田　この現在の対立の構造がどうやって生まれてきたのかを知るためには、イスラム教の考え方をもっと知る必要があります。それには、どうやってイスラム教が生まれ、どういう歴史を辿《たど》ってきたかを遡《さかのぼ》って知ることから始めるしかないと思います。相手が怖いといって、排除しようとしていても、状況は変化しませんし、悪化するばかりです。

池上 同時に、イスラエルが建国されるには、ユダヤ人がどのような歴史を辿ってきたのかを遡る必要もありますね。イスラエルが建国されたあの場所がどういうところで、どういう歴史をもっているのか。さらにユダヤ人というのは、どういう人たちなのか。それにはユダヤ教がどういうものなのかを知ることも欠かせません。

そのユダヤ教とキリスト教とイスラム教が、西アジアで生まれ、唯一神を崇拝《すうはい》するという共通した世界観をもっているなど、改めて宗教とその歴史について知ることで、現在大きな問題になっているニュースの背景が見えてきます。では、まず、イスラム教の教えや歴史について、詳《くわ》しく見ていきましょう。

イスラム教の歴史から見えてくる世界

増田ユリヤ

身近に感じるアラブ文化

皆《みな》さんにとってイスラム教は馴染《なじ》みのない宗教だと思いますか。

例えば、子どもの頃《ころ》に読んだ『シンドバッドの冒険《ぼうけん》』や『アリババと四〇人の盗《とう》賊《ぞく》』などは、アラブ文学の代表作で知られる『千夜一夜物語』（『アラビアン＝ナイト』）から生まれたものです。また、ソーダ、シロップ、アルコール、シュガー（砂糖）やコットン（木綿）といった英語も、アラビア語を語源としています。そして日々使っている算用数字も、インド数字からアラビア数字へと形を変えて使われているものですし、アリストテレスに代表されるギリシャ哲学《てつがく》も、実はアラビア語に訳されたものが、イスラム教の支配下にあった地域でラテン語に翻訳《ほんやく》され、西《せい》欧《おう》に伝えられました。イスラム教とその歴史に関するものは、思った以上に皆さんの身近にあって、世界各国に影響を与えたのです。

では、そのイスラム教とはどんな宗教なのか。歴史をひもといてみましょう。

預言者ムハンマドの登場とイスラム教の始まり

ムハンマドはイスラム教の創始者です。世界史の授業で「マホメット」と習った方もいることでしょう。原語（アラビア語）の発音により近い形で表現されるようになったのが、ムハンマドです。ただし、ムハンマドはアラブの中では一般的な名前なので、創始者としてのムハンマドは「預言者ムハンマド」と表記されることが多いようです。

ムハンマドが誕生したのは、西暦五七〇年頃です。ちょうど聖徳太子（厩戸皇《うまやどのおう》子《じ》）と同世代で、日本に仏教が伝来した時代に当たります。ムハンマドは、アラビア半島の宗教都市メッカの支配者で、この地にあったカーバ神殿の守護を担《にな》っていた一族の家に生まれました。カーバ神殿は立方体の形をした聖堂で、そこには古くから聖石・聖像が納められ、多神教信仰の中心地でした。ムハンマドが生まれる前に父親は病気で亡《な》くなっていて、六歳のときに母親も失ったムハンマドは、祖父や叔父《おじ》のもとで養育されました。さびしい幼少時代を送ったのですね。

メッカは、宗教都市であると同時に商業都市でもありました。ラクダに荷物を載《の》せて東西を行き来する隊商貿易が盛んで、ムハンマドも商売をしていました。そのため各地でさまざまな宗教や文化に触《ふ》れる機会も多く、イスラム教以前に成立していたユダヤ教やキリスト教についても造詣《ぞうけい》が深かったようです。

生《お》い立ちには恵《めぐ》まれなかったムハンマドですが、ようやく落ち着いて穏《おだ》やかな生活を手にしたのは二五歳のときでした。メッカの豪商《ごうしょう》の未亡人ハディージャと結婚したのです。このとき彼女は四〇歳。ムハンマドは彼女のもとで使用人として働いていましたが、年齢《ねんれい》差などは関係なく、終生変わらぬ愛情と信頼《しんらい》を築いたといいます。

そんなムハンマドが神の啓示《けいじ》を受けたのは、四〇歳のときです。メッカ郊外の山

中で瞑想《めいそう》にふけっていると、大天使ガブリエル（ジブリール）を通して神の言葉を聞いたといいます。その言葉とは、

①唯一にして全能である神アッラーは万物《ばんぶつ》を創造した
②すべての人間に最後の審判《しんぱん》が下される
③最後の審判では、アッラーの命《めい》に従ったものは天国に迎えられ、アッラーの命を無視したものは地獄《じごく》に落ちる
④ムハンマドは、ユダヤ教のアブラハムやモーセ、キリスト教のイエスと同様に神の啓示を伝える使命を帯びた存在であり、その中でも、「最後にして最大の預言者」である

というものでした。預言者とは、神の言葉をあずかった「神の使徒」という意味です（未来を予測する「予言者」ではありません、念のため）。

幾度《いくど》となく大天使ガブリエルを通して神の言葉を聞いたというムハンマドはどう

したらいいか大いに悩みました。ちなみに大天使ガブリエルは、イエスの母マリアに「受胎告知《じゅたいこくち》」をした天使と同じです。天使には階級があり、大天使は最上階に当たります。ムハンマドの悩《なや》みを受け止めて、最初の信者となり彼を支えてくれたのが、妻のハディージャでした。しかし、ハディージャはその後まもなく亡くなってしまいます。

ムハンマドがアラビア半島の人々を改宗

こうしてムハンマドは「神への絶対の帰依《きえ》（イスラム）」を説き、「神の前の万人《ばんにん》の平等」を強調することで、女性や貧民《ひんみん》、奴隷《どれい》などの信者を得ます。信者たちは、ムスリム（神に身をささげたもの）と呼ばれるようになりました。

しかし当時は、豪商などの支配層がメッカの富を独占していました。また、ムハンマドの一族が守護に当たっていたカーバ神殿には、多くの神々がまつられていて、偶像崇拝《ぐうぞうすうはい》を民衆に強制していました。豪商たちの行動や信仰のありようは、ムハンママドの教えとは相反するものだったのです。

支配者層の人々を痛烈《つうれつ》に批判しながら、預言者として神の教えを説くムハンマドは、彼らの憎しみを買ったためにメッカの地を追われ、信者たちとともにメッカの北方の都市ヤスリブに逃《のが》れました。信者たちはこれを「ヒジュラ（聖遷《せいせん》）」と呼び、ヤスリブを「メディナ（預言者の町）」と改めて、この年をヒジュラ暦（イスラム暦・太陰暦《たいいんれき》）元年（六二二年）としました。

ヒジュラの後、メディナにはムハンマドが率いたムスリムの共同体ができます。ムハンマドは、支配者として、政治家として、律法を定め、敵対者と戦い、国家としての機能を整えながら、アラビア半島に住む部族でムハンマドに従う人たちに改宗を勧《すす》めていきました。そして六三〇年、ついに無血のうちにメッカを征服《せいふく》することに成功したのです。

イスラム教は一神教で偶像崇拝を禁止しましたから、ムハンマドがメッカを征服した後、神殿にあった聖像はことごとく破壊《はかい》され、黒い聖石だけが残されました。このムハンマドの行為が、「イスラム国」（ＩＳ）がシリアやイラクで世界遺産を破壊してきた根拠《こんきょ》とされています。

なお、黒石は現在もカーバ神殿の東隅にはめ込まれていて、ムスリムたちがメッカを巡礼《じゅんれい》した際には、この黒石に接吻《せっぷん》をしてカーバ神殿の周囲を七回まわるのが作法となっています。

こうしてムハンマドは、カーバ神殿をイスラム教の聖殿に定め、メッカに向かって礼拝をするなどの儀礼を整えていきました。諸部族も次々にムハンマドの権威《けんい》を認め、支配下に入り、アラビア半島はゆるやかに統一されていきます。

ムハンマドが神から預かった言葉は『コーラン』に

イスラムとは、「神＝アッラーへの絶対的帰依」という意味です。アッラーの教えは、イスラム教の聖典『コーラン』に書かれています。『コーラン』は、アラビア語で「読誦《どくしょう》すべきもの」という意味です。黙って読むのではなく、大きな声で読み上げるものなんですね。アラビア語の独特のリズムをもった文章で書かれていて、聞いていて大変美しく、信者の人たちは「こんなに美しい響《ひび》きなのは、神様の言葉だからだ」と言います。日本語に翻訳されたものもあり、私たちも読むことができますが、アラビア語の原文を翻訳されてしまうと、神の言葉ではなくなってしまう、といった考え方もあり、日本語訳は建前としては「日本語による解説書」の位置付けです。また、神の言葉を間違うなんてもってのほかであり、印刷の誤植など許されません。全部で一一四章からなり、その内容は、政治・経済・社会問題をはじめ、法や道徳にも言及しています。

商人として各地をまわっていたムハンマドは、ユダヤ教徒やキリスト教徒の人たちと触れ合う機会があり、それぞれの宗教に関して一定の理解を示していました。いずれも同じ一神教であることから、『旧約聖書』（ユダヤ教の聖典、ただし「旧約」とは、キリスト教から見た名称）、『新約聖書』（キリスト教の聖典）を、イスラム教より先にできた啓示（神の教え）の書であるとみなしました。ですから、ユダヤ教徒とキリスト教徒は、最初から同じ教えを信じる「啓典《けいてん》の民《たみ》」として、信仰の自由を認められていたのです。

六つの信ずべきこと、五つの守るべき行い

ムハンマドは、メッカ征服の二年後に、病気のためメディナで亡くなります（六三二年）。彼の死後、「シャリーア」（水場に至る道の意）というイスラム法が整備されていきました。そのもととなったのは、『コーラン』と『ハディース』（ムハンマドの言行［スンニ（スンナ）］に関する伝承）です。ムハンマドが生きていたときには、例えば何か問題があって判断に迷った際は、神の意志やその判断について、ムハンマドに確認すればよかったのです。しかし、ムハンマド亡き後は、それができなくなりましたから、『コーラン』や『ハディース』をもとに、急いで法整備にあたらねばなりませんでした。

イスラム法の整備にあたった学者たちが、その中からムスリムが守るべき信仰と行為を簡潔にまとめたものが、六信《ろくしん》五行《ごぎょう》です。

六信とは、①神　②天使　③啓典　④預言者　⑤来世　⑥予定

五行とは、①信仰告白　②礼拝　③断食《だんじき》　④喜捨　⑤巡礼

六信の内容は、ムハンマドが大天使ガブリエルを通して聞いた「神の言葉」とほぼ重なります。ここでは、五番目の来世と六番目の予定について、少し説明をしておきましょう。

まず、来世について。イスラム教には、仏教のような輪廻転生《りんねてんしょう》という考え方はありません。死は、人の一生の終わりではなく、最後の審判を受けて来世を与えられる日への出発点と捉えています。そのため、死者の顔を聖地メッカの方角に向け、火葬《かそう》せずに土葬します。最後の審判では、天使が亡骸《なきがら》に魂《たましい》を戻《もど》して復活させ、生前の行いについて質問しますから、火葬して灰になってしまったら困るのです。来世で天国に行くか、地獄に行くかは、現世での行いによります。だから、人は現世をよりよく生きようと努力する。この点においては、仏教の考え方とも共通する部分があります。

予定とは、人間の行為はアッラーの意志によっておこる、という考え方です。す

べては「アッラーへの絶対的帰依（＝イスラムの意）」を信じるということなんですね。

五行＝五つの守るべき行いについて、説明しましょう。

①信仰告白　「アッラーのほかに神はなし。ムハンマドは神の信徒である」と礼拝のときに声に出して祈ることです。これをアラビア語で言うと、「ラーイラーハ・イッラッラー。ムハンマド・ラスールッラー」となります。

②礼拝　お祈りの時間です。夜明け、正午、午後、日没、就寝前の一日五回（場合によっては三回）、メッカの方角に向かって祈ります。どこにいても時間がくれば、床にひれ伏してお祈りをしなければなりませんので、お祈り用のマットやメッカの方角がわかるようにコンパス（方位磁石）をもち歩いている人もいます。

最近では、大きな国際空港や商業施設などには、祈禱《きとう》室が設けられたり、メッカの方角がわかる標識が示されているところも増えてきました。また、日本の時計メーカーでは、メッカの方角とお祈りの時間がわかる腕時計を開発・販売しています。

イスラム教徒は世界に一六億人いると言われていますから、その存在の大きさを感じますね。

なお、礼拝所は男女別になっています。そしてイスラム教の聖なる日（安息日）とされている金曜日には、モスク（イスラム教の礼拝所）に行き、集団礼拝に出席するのが望ましいとされています。アラブの国に行くと、礼拝を知らせる「アザーン」という呼びかけの声がモスクから聞こえてきて、朝はその声で目を覚ますことがあります。イスラム教の人たちにとって、礼拝というのは日常なんですね。

③断食　断食は、イスラム暦（ヒジュラ暦）九番目の「ラマダン月」（断食月）に行います。といっても、断食をするのは日の出から日没《にちぼつ》までの間です。この間は、食べたり飲んだり、たばこを吸ったりすることすべてが禁止されています。しかし、日没から日の出までの間は、飲食することができます。

ムスリムの人たちは、日の出前に起きて食事をし、日中は水を飲むのも我慢《がまん》し、日没後に再び食事をします。一か月も断食をするのですから、痩《や》せてしまうのではないかと心配になりますが、日中に食べるのを我慢しなければならない反動で、朝晩はかえって食べ過ぎてしまう人も多いそうです。お腹が空《す》いたり、のどが渇《かわ》いたりすると、なかなか我慢できないものですが、断食をすることで神様のことを考え、日々の糧《かて》に感謝し、食べるにも困っている貧しい人に思いを馳《は》せ、貧困に苦しむ人たちを助けることを考える、という意味があります。

ただし、断食は「できる人がすればいいこと」であって、子どもや妊婦《にんぷ》、乳児を抱えた母親や病人はしなくていいことになっています。逆に、断食ができるようになれば、子どもも大人の仲間入りをしたことになりますから、子どもはその日を待ち遠しく思っているようです。

数年前のことですが、たまたま、断食月にアラブ首長国連邦のドバイに仕事で行ったことがありました。レストランや喫茶店、ファストフードの店などのほとんどが日中は閉まっていて、ホテルのレストランは営業していましたが、入口には二重のカーテンが引かれていました。断食をしている人たちへの配慮なんですね。買い物をしようとお店に入ったら、店員の男性が「日本人の方ですよね。お水をどうぞ」とサービスしてくれました。そのお水の美味《おい》しかったこと！　外気温は四〇度を超えていましたから、ちょっとの時間でも、熱い中東の国で断食をすることは大変だと感心させられた出来事でした。

④喜捨　ムスリムに課せられた事実上の財産税のことを言います。毎年の終わりに収入資産と貯蓄《ちょちく》の両方に課せられる税で、その使途《しと》は、困窮《こんきゅう》者の救済のためと定められている一種の「救貧税」です。こうした義務になっている喜捨のほかに、自発的に行う任意の喜捨もあって、貧しい人のためにできる範囲《はんい》で寄付をする行為の方が本来の意味にかなっています。ちなみに、義務の方はザカート、任意の方はサダカと呼ばれます。病人や貧しい人、高齢者には無条件に手を差し伸べるのが、イスラム教の教えです。

⑤巡礼　一生のうち一度は、イスラム暦（ヒジュラ暦）第一二番目の月「ズー・アルヒッジャ月」八日から一〇日にかけて、メッカのカーバ神殿に巡礼し、儀式に参加することが望ましいとされています。これは義務ではありません。

メッカ巡礼を行った家族の家の玄関《げんかん》には、そのことがわかる看板のようなものが掲《かか》げられています。私がそれを初めて目にしたのは、聖地エルサレムでイスラム教

メッカ巡礼を行った家にある看板。左下には巡礼者の名前がある。

の人たちの居住区域を歩いていたときでした。現地の人に「ここの家はメッカに行ったことがあるんだね。これは、その誇《ほこ》りのしるしなんだよ」と教えてもらいました。

生活と行動の規範
「飲む、打つ、買う」は厳禁

このほかにも、普段の生活で信者が守るべきことはいくつもありますが、代表的なものをご紹介しましょう。

①食生活　豚肉《ぶたにく》を食べてはいけない、ハラル認証のある食品でないと食べてはいけない、というのが、ムスリムの人たちの基本的なルールです。豚肉については『コーラ

ン』にそう書いてあるから、というのが食べてはいけない理由になっています。ハラルは、日本語に訳すと「合法的」という意味です。イスラム教の作法に則《のっと》って、適正に処理された食品につけられるのがハラル認証で、ハラル認証のない食品は食べてはいけません。羊や牛を屠《と》殺する方法にも、絞殺《こうさつ》や撲殺《ぼくさつ》はいけないなどの規定があります。また、飲酒も禁止されています。お酒を飲んで酔っ払うと、ケンカをしたり、神の存在を忘れがちになったりするからです。同様の理由で賭博《とばく》も禁止されています。

②女性の地位　女性は家族以外の男性に身体を見せないようにするという教えもあります。そのため、身体をベールで覆《おお》ったり、頭にスカーフを巻いたりして素肌とボディラインを隠すようにしています。ろくでもない男から女性を守るため、ということですが、西アジアや中東の強い日差しや乾燥した気候から肌を守るためでもあるようです。しかし、どの程度、身体を隠すかは、国や地域によって差がありま す。

例えば、イランでは、顔だけ出して身体全体をチャドルという黒いベールで覆っている人が多く、厳格なイスラム教徒の多いサウジアラビアでは、顔も隠して目だけ出しています。また、タリバン政権下のアフガニスタンでは、ブルカという民族衣装を着なければなりませんでした。ブルカは目の部分だけが網《あみ》状になっていて、それ以外の身体全体をすっぽり覆ってしまうため、顔も目も外からは見えません。イスラム教での女性抑圧《よくあつ》の象徴《しょうちょう》のように語られたり、フランスやベルギーのように、学校や一般の道路など、公共の場でのブルカ着用を禁止したりする国もあります。その理由としては、政教分離やイスラム系移民との軋轢《あつれき》が挙げられます。また外見からどんな人物か判断がつかないことが、テロ行為などの危険と結びつくのではないかとの危惧《きぐ》もはらんでいます。

一方、東南アジアのインドネシアやマレーシアなどでは、スカーフで髪を覆う程度の人が多いようですし、アラビア半島の民族衣装であるアバヤ（身体を覆う黒いローブ）などは、ビーズで縁取《ふちど》りをしたり、裏地に派手な生地《きじ》を使ったりと、現代女性ならではのオシャレなデザインも増えています。

③結婚　イスラム教徒の結婚といえば、妻を四人までもてることがよく知られてい

ますが、実際には二人以上の妻をもつのは、稀《まれ》なことです。複数の妻をもつには「平等に愛せるなら」という条件つきですし、結婚前に作成する契約《けいやく》文書では、万が一、離婚したときに男性が女性に支払う慰謝料《いしゃりょう》まで、あらかじめ決めておかねばなりません。また、イスラム教徒の多いトルコでも、法律で一夫一婦制と定められています。

そもそも、妻を四人までもてるという決まりは、戦争で大勢の孤児《こじ》と未亡人が出たときに、その救済策の意味があったとされています。夫や父親を亡くした人たちの生活の面倒をみるためだったのですね。

ムハンマド自身、最初の妻ハディージャに先立たれた数か月後に、叔母《おば》のすすめで二人の女性と婚約しました。一人はサウダという年配の未亡人、もう一人はアーイシャという当時六歳の少女でした（実際に結婚したのは九歳）。アーイシャはムハンマドの親友、アブー・バクルの娘で、当時ムハンマドは五〇歳になろうかという時期でしたから、その年齢差は四〇歳以上です。その後、彼は四人どころではなく、さらに一〇人もの妻をめとります。結婚自体は多分に政略的な意味合いが大きかったと言われていますが、ムハンマドは一〇年後には病に侵《おか》され、最後はアーイシャの腕の中で息を引き取りました。

④商取引　イスラム教は「商人の宗教」とも言われます。ムハンマドは、もともと商人でした。『コーラン』の表現によれば、「市場を歩き回る普通の人間」として宗教活動を始めたとされています。

その教えの中に、貸したお金に利子をつけてはいけない、という戒律《かいりつ》があります。商売によって利益をあげることを考えれば矛盾《むじゅん》しているようにも思えますが、利子は「神の意志に反した不労所得で他人の金を利用する」と考えられているのです。そのため、イスラムの教えに則った銀行では利子はとらず、手数料という名目で代用されています。これは、高利貸しを営むユダヤ人に対する非難と恨《うら》みが表面化したものでもあり、利子を取る行為は恥ずべきことだと声高に宣言したものです（ユダヤ人と金融《きんゆう》に関しては、第3章で詳述《しょうじゅつ》します）。

商業は対等な立場の人々による「契約」にもとづく取引行為であり、「決して卑《いや》しめられるようなものではない」。同様に信仰も、神と人間との間の「契約」だといい、「神を信じない者は、最終的には赤字の決算を背負い込む」というように、商業から信仰を説いたのもまた、ムハンマドだったのです。

ムハンマド後のイスラム世界——後継者（カリフ）の誕生

メッカ征服の二年後に、この世を去ったムハンマド。生前のムハンマドは、あまり子ども運には恵まれませんでした。最初の妻であるハディージャとの間に六人の子どもが生まれましたが、男の子二人は夭折《ようせつ》し、成人した四人の女の子のうち、ムハンマドが亡くなった後まで生きていたのは、四女のファーティマだけでした。

では、ムハンマドの後継者（カリフ）はどうやって選んだらいいのか。

ムスリムたちは、全員で、預言者ムハンマドの後継者を選び、その人物に忠誠を誓って統一を保つ制度をつくりました。

初代カリフは、ムハンマドの親友で、三番目の妻の父親アブー・バクル。四代目は、ムハンマドの従弟《いとこ》で、四番目の娘（ファーティマ）の夫のアリーがカリフを務

ムハンマドと正統カリフの系図

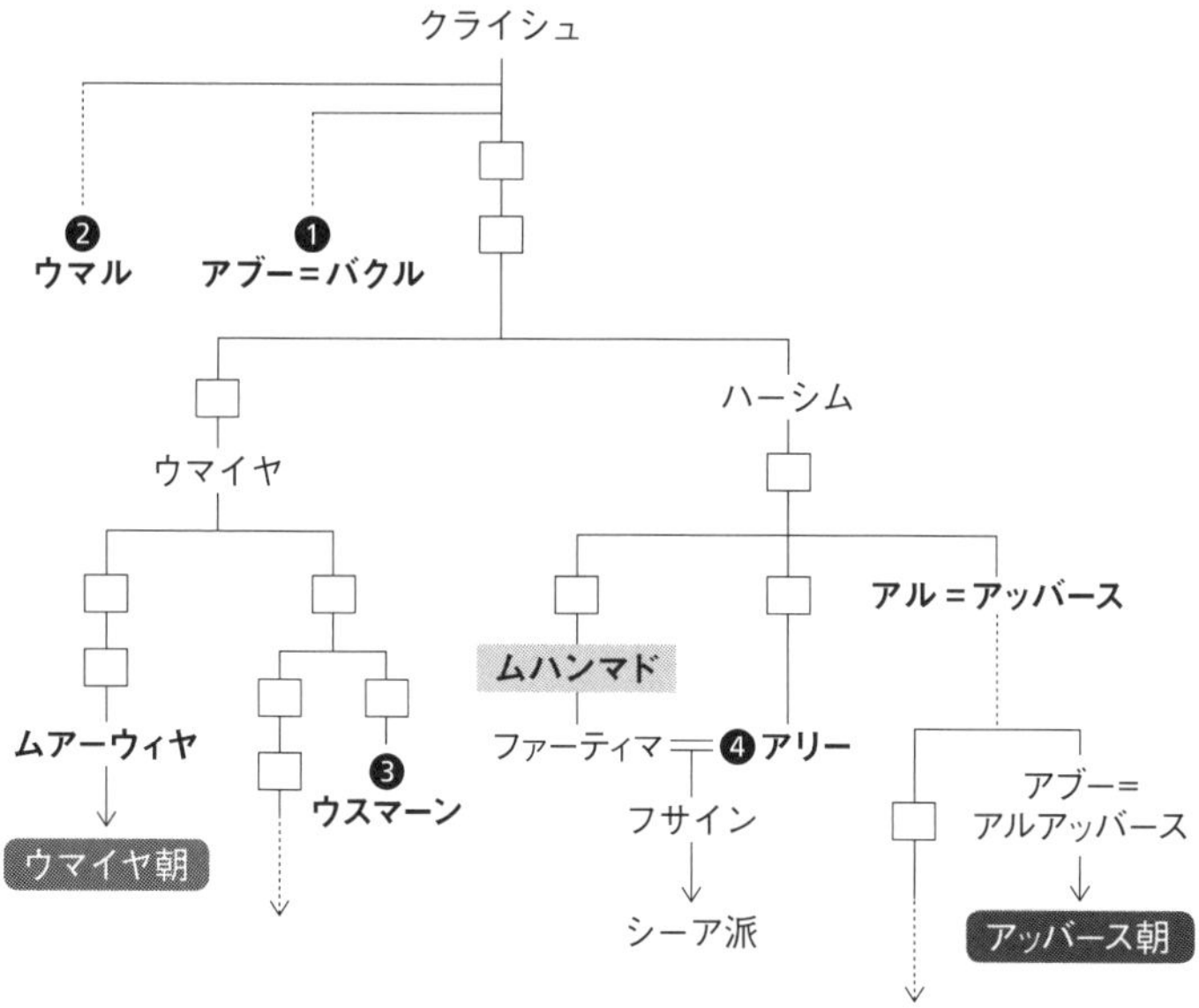

預言者ムハンマドの後継者（カリフ）は、ムスリム全員で選び、その人物に忠誠を誓って統一を保つ制度をつくった。アリーまでの４人はムスリムの合意で選ばれた正統カリフ。

※「アカデミア世界史」（浜島書店）をもとに作成

めました。すべてムハンマドと同じ一族の出身であり、四人とも、ムスリムたちの合意で選ばれたので、「正統カリフ」といいます。

カリフの指導でジハードが始める

この頃から、ムスリムとなったアラブ人（アラビア半島出身者）は、カリフの指導のもとに大規模なほかの地域への征服活動（ジハード［聖戦］）に乗り出しました。ジハードのもともとの意味は、「（イスラムのために）努力する」というものです。ここでは異教徒に対する征服活動という狭い意味に使っていますが、例えば、断食に努めることも、コーランを暗唱することも、広い意味ではジハードということになります。

七世紀の西アジアは、アラビア半島の東側はササン朝ペルシア（現イラン付近）が、西側はビザンツ帝国（東ローマ帝国）がそれぞれ支配をしていました。しかし、ササン朝とビザンツ帝国は、アラビア半島北部のシリアやエジプトの領有権をめぐって激しく争っていて、疲弊《ひへい》した状態にありました。アラブ軍はそこに攻め込み、ササン朝を滅《ほろ》ぼして領土を併合《へいごう》し（六五一年）、ビザンツ帝国からシリアとエジプトを奪《うば》い、征服地には多くのアラブ人家族が移住します。この征服活動で活躍《かつやく》していたのが、四代目カリフのアリーと同じクライシュ一族で、ウマイヤ家出身のムアーウィヤでした。彼はシリア総督《そうとく》を務めていましたが、カリフの継承権などをめぐってアリーと対立していました。その対立のさなかに、アリーは彼に不満をもつ一派の人たちに暗殺されてしまったのです。

スンニ派とシーア派の誕生

アリーの暗殺後、ムアーウィヤは、総督を務めていたシリアのダマスカスにウマイヤ朝を建て、カリフに就任しました（六六一年）。

以後、このウマイヤ朝をはじめ、イスラム教徒の多数派はスンニ派（スンナ派）と呼ばれるようになります。ムハンマドの言行（スンニ）を生活の規範《きはん》として、イスラム共同体の統一が大切だと考える人たちです。

一方、暗殺されたアリーを支持する人たちは、アリーの前の三代の正統カリフやウマイヤ朝を認めず、ただアリーの子孫のみをイスラム共同体の指導者（イマーム）と考えるシーア派を形成します。シーア派は、シーア＝アリーとも言い、アリーを支持する党派という意味です。ちなみに、アリーの父親は、幼少期のムハンマドを育ててくれた叔父でもありました。そういう意味でも、アリーはイスラム教徒の人々にとって特別な存在だったのでしょう。

ウマイヤ朝創始者のムアーウィヤが亡くなると、今度はアリーの息子フサインをカリフに擁立《ようりつ》しようという動きがイラクで高まりました。フサインもその気になって、ユーフラテス川河畔《かはん》に進出しますが、結局、ウマイヤ朝軍に虐殺《ぎゃくさつ》されてしまいます。シーア派では、このフサインが虐殺された日に今でもその殉教《じゅんきょう》をいたむ党派最大の祭（アシュラ）を行い、フサインの子孫は長老（サイイド）として特別に尊敬されているそうです。

現在にまで続く、スンニ派とシーア派の対立は、歴史的に見ても根深いものがあるのですね。

少数派のシーア派は、現在はイランを中心に、パキスタンやイラク、トルコ、レバノンなどに分布しています。人口は全イスラム教徒の一割程度です。

ウマイヤ朝がイスラムを拡大

ウマイヤ朝の時代（六六一～七五〇年）には、東は中央アジアのサマルカンドのあたりとインド西部、西は北アフリカを征服した後、イベリア半島（現スペイン）にも進出して、西ゴート国も滅ぼしました（七一一年）。

さらにイベリア半島の東側にあったフランク王国（のちのフランス）にしばしば侵入しましたが、トゥール・ポワティエ間の戦いに敗れて退きました。

こうしてウマイヤ朝は、広大な地域を支配するようになり、イスラム世界の基礎を築き上げました。カリフの権限は強大化し、アラブ人が征服地を支配するようになり、彼らは被征服地からの税金を年金（アター）として受け取るなど、さまざまな特権を与えられました。

一方、支配下の異民族たちは、国家財政の基礎となる地租《ちそ》（ハラージュ）と人頭税（ジズヤ）を支払わなければならず（アラブ人は免除《めんじょ》）、たとえ彼らがその後イスラム教に改宗したとしても、税が免除されることはありませんでした。

アッバース家が正統を主張

ところが、こうした支配の仕方に異論が出てきます。イスラム教では「すべての信者は平等である」と『コーラン』に書かれているからです。ですから、征服地で新たにイスラム教に改宗した人たちが、信者になってからも地租や人頭税を支払わなければならない、というのは矛盾しているというのです。

ウマイヤ朝の排他《はいた》的な支配体制に対しては、被《ひ》征服民だけでなく、アラブ人の中からも批判の声が聞こえるようになりました。

さらに、スンニ派のウマイヤ家の支配に反対するアラブ人が、正統な支配者はア

イスラムの広がり

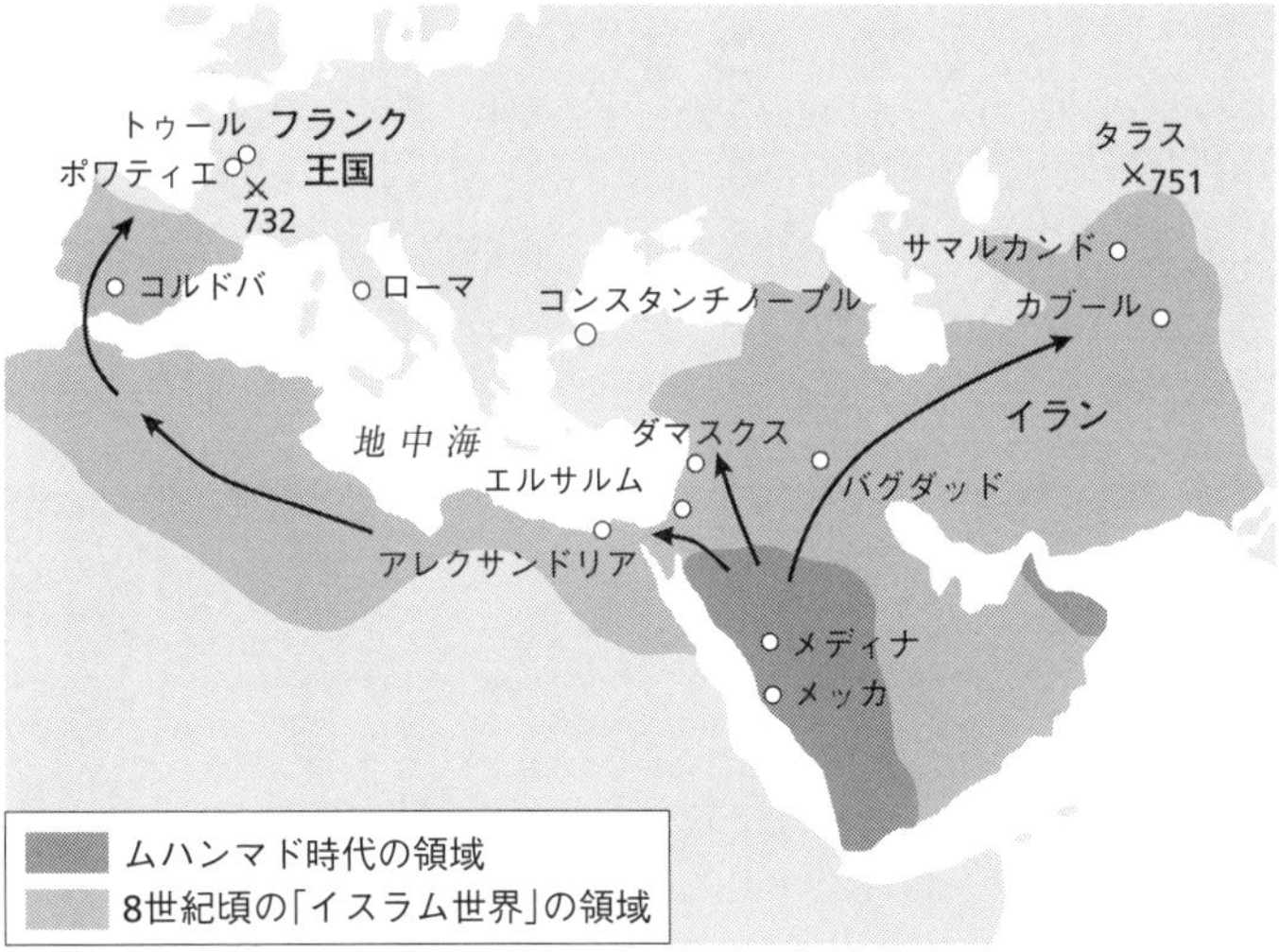

8世紀頃のイスラムは、東は中央アジアから西はイベリア半島まで広大な地域を征服した。

※「世界の歴史世界史 A」（山川出版社）をもとに作成

リーの子孫だけにある（シーア派）と主張して、何度も反乱を起こし、それに加担したアラブ人は年金（アター）受給の特権を失って不満を抱くなど、必ずしも政情は安定していなかったのです。

こうした状況の中で、ムハンマドの叔父の家系にあたるアッバース家が正統を主張。シーア派の不満を利用して革命を起こし、ウマイヤ朝を倒してアッバース朝を開きました（七五〇年）。

イスラム帝国の成立――アッバース朝

アッバース朝の都が置かれたのは、イラクのバグダッドです。イラクやバグダッドと聞くと、現在は危険だというイメージしかないかもしれませんね。

しかし、この時代のバグダッドは、そうではありませんでした。都の造営にあたったのは、アッバース朝第二代カリフのマンスール。彼はティグリス川西岸に、三重の城壁《じょうへき》をもつ円形都市をつくり、農地の開発を積極的に行い、豊かな穀倉《こくそう》地帯を生み出しました。そして、バグダッドを「平安の都」（マディーナ＝アッサラーム）と呼び、イスラム帝国の基礎を築きます。

黄金時代を迎えたのは、八世紀末から九世紀にかけて、第五代カリフのハールーン＝アッラシードのときでした。ハールーン＝アッラシードは、皆さんご存じの『千夜一夜物語』にも、しばしば登場する人物です。

彼は、二度にわたってビザンツ帝国との戦いに赴《おもむ》き、勝利をおさめました。そして、朝貢《ちょうこう》を条件に、ビザンツ帝国と講和を結びました（八〇九年）。そのほか、インド王やフランク王国（のちのフランス）の王とも使節や贈り物を交換するなど、幅広く交流をもったとも言われています。彼の治世の首都バグダッドは一〇〇万人近くの人口を抱える大都市に発展し、「世界に比類なき都」と称されるほどの繁栄《はんえい》を誇《ほこ》りました。

アッバース朝は、もともとはシーア派の不満を利用して革命を成功させ成立した王朝でした。しかし安定した政権を維持《いじ》するためには、多数派を占めるスンニ派を無視できず、革命に協力したシーア派の期待は裏切られ、弾圧《だんあつ》されて数多くの命が奪われました。一方、官僚《かんりょう》機構を整備し、アラブ人だけでなく、新たにイスラム教に改宗した人たちも政治の要職につけました。また、アラブ人でなくても、改宗者には人頭税（ジズヤ）を課すことをやめ、逆にアラブ人であっても、征服地に土地をもつ者からは地租（ハラージュ）を徴収《ちょうしゅう》するなど、民族の違いによる差別をなくしていきました。こうして、それまでのアラブ人を中心とした支配の方法を改めて、イスラム法（シャリーア）を基盤に、国家の運営を行うようにしました。

ここに名実ともに、イスラム帝国が完成したのです。

イスラム帝国の分裂

アッバース朝がバグダッドに建国されると、スンニ派のウマイヤ朝の一族はイベリア半島に逃れて、現在のスペインのコルドバを都とする後《こう》ウマイヤ朝を建てました（七五六～一〇三一年）。この王朝は、一〇世紀に最盛期を迎え、半島南部のアンダルシア地方では灌漑《かんがい》農業が発展し、首都コルドバはバグダッドと並び称されるほどの豊かな繁栄を見せました。バグダッドや東方のイスラム世界から、学術や芸術、文化がもたらされ、アラビア語の書物がさかんにラテン語に翻訳されました。それが中世ヨーロッパに伝わって大きな影響を与えたのです。

アッバース朝がイスラム法によるイスラム帝国の支配を完成させたとき、イスラム教の勢力範囲は、西は北アフリカやイベリア半島から、東はインダス川流域にまで拡大しました。しかし、ひとつの王朝で統一されることはなく、九世紀以降、イスラム帝国は分裂をはじめ、スンニ派とシーア派の対立がその勢いを増していきました。イスラム法とアラビア語という共通の原理だけは何とか保っていましたが、いくつもの王朝が乱立し、三人のカリフが鼎立《ていりつ》したりして、それぞれが独自の国づくりを始めました。そうした中、一三世紀の終わりに東地中海の地域に成立したのが、のちにヨーロッパと対峙《たいじ》するようになるオスマン帝国でした。

イスラム教から見た十字軍の行動

十字軍（一〇九六〜一二七〇年）といえば、キリスト教徒の聖地奪回《だっかい》のことですよね。これまでお話ししてきたように、この当時はイスラム教徒が勢力を拡大し、ユダヤ教、キリスト教、イスラム教の三つの宗教の聖地であるエルサレムをイスラム教徒が占領《せんりょう》してしまったことがそのきっかけとなりました。

このキリスト教徒の軍隊は、兵士が十字架をシンボルに胸に赤い十字を描いていたので、そう呼ばれています。およそ二〇〇年の間に、大きい遠征《えんせい》だけで七回、そのうちイスラム勢力から聖地奪回に成功したのは、第一回と第五回の遠征だけでした。

キリスト教の聖地を奪回するという十字軍の活動をイスラム教徒側から見ると、どうでしょうか。

エルサレムは、イスラム教徒にとっても聖地です。預言者ムハンマドがある夜、天馬に乗り、大天使ガブリエルに導かれて、メッカからエルサレムに行き、そこから天に昇《のぼ》ってアッラーや預言者たちに会い、再び戻ってきたとされています。天に昇り、降り立った場所にある岩の上につくられたのがイスラム教の聖地「岩のドーム（黄金のドーム）」です。

第一回の十字軍遠征では聖地を奪われてしまいますが、その後、一一八七年に八八年ぶりに聖地を取り戻すことに成功したのが、クルド人のサラディン（サラーフ＝アッディーン）でした。

クルド人武将サラディンがエルサレム奪還

サラディンは、エジプトを支配していたシーア派の王朝を倒し、スンニ派を復活させて新たな王朝、アイユーブ朝を建てた人物です。当時は王朝が乱立していた時代でしたが、サラディンはアッバース朝のカリフの権威を認め、このカリフからスルタンの任命を受けました。

スルタンとは、一一世紀に始まったイスラム王朝の世俗《せぞく》的支配者の称号で、政治的・軍事的権限が与えられていました。この頃になると、カリフはムスリム統合の象徴として権威的な存在となり、宗教的行事にのみ関与するようになっていたのです。

サラディンは、もともとクルド人の武将でした。クルド人は、イラン、イラク、トルコにまたがって住む山岳《さんがく》民族で、勇猛果敢《ゆうもうかかん》なことでも有名です。しかし、武力で十字軍から聖地エルサレムを奪還《だっかん》しただけでなく、第三回の十字軍の遠征による攻撃を受けたときには、十字軍と交渉して休戦条約を結び、キリスト教徒の聖地巡礼を許すなど、イスラム教の教えに則った節度と寛容《かんよう》な姿勢を示しました。ムハンマド以来の征服の慣行をよく守ったと言われています。サラディンの名声といわゆる騎士道《きしどう》精神はヨーロッパにも広く伝わり、しばしば文学作品にも登場しています。

キリスト教がイスラムを駆逐《くちく》したレコンキスタ

十字軍とは逆に、イスラム勢力がキリスト勢力によって駆逐されたのが、イベリア半島でした。レコンキスタ（国土回復運動［七一八～一四九二年］）という言葉を、歴史の授業で習ったのを覚えていますか？　レコンキスタはスペイン語で「再征服」という意味をもちます。もともとはキリスト教の地であったところに、イスラム勢力が入りこみ、そこからまたキリスト教が勢力を取り戻した、ということです。広い意味では、このレコンキスタも十字軍の一種と言えるでしょう。

八世紀から始まったレコンキスタが、本格化したのは一一世紀の頃です。イベリア半島南部に最後まで残った、ナスル朝の都グラナダにある「アルハンブラ宮殿」の名前はご存じの方も多いと思います。当時のイスラム建築の粋《すい》を集めた傑作とも言われるこの宮殿には、美しいアラベスク模様が施され、水路が張り巡らされていて、世界中からの観光客が絶えません。

偶像崇拝を禁止するイスラム教では、つる草やアラビア文字、幾何学《きかがく》模様などを組み合わせて、建物の壁《かべ》や天井、書物の表紙などを装飾《そうしょく》しました。この模様がアラベスクです。

キリスト教とイスラム教のせめぎ合い、コルドバの「メスキータ」

当時のキリスト教とイスラム教のせめぎ合いが肌で感じられる場所。それが、後ウマイヤ王朝の首都だったコルドバに残る「メスキータ」です。メスキータはスペイン語でモスク（イスラム教の礼拝所）という意味ですが、現在は、スペインのコルドバにあるメスキータの固有名詞としても使われています。ちなみに「モスク」は、アラビア語で「跪《ひざまず》く場所」という意味です。

このメスキータ、現在の正式名称は「コルドバの聖マリア大聖堂」ですが、もとのもとをただせば、キリスト教の教会でした。コルドバを征服したイスラム教の後ウマイヤ朝が、教会だった建物を修築して造ったのがメスキータだったのです。一〇世紀末には拡張工事が行われ、数万人を収容できる巨大なモスクとなりました。内部には、赤いレンガと石灰《せっかい》石を馬蹄《ばてい》形に並べ、一〇〇〇本もの柱を立てて高い天井を支えたという「円柱の森」が今も残っていて（残存しているのは八五〇本）、その広さと立ち並ぶ柱に圧倒されます。

キリスト教とイスラム教　それぞれの征服

スペイン・コルドバのメスキータにある十字架のイエス。

トルコ・イスタンブールにあるアヤソフィア博物館。元はキリスト教の聖ソフィア大聖堂。15世紀に、オスマン帝国によりモスクへと変えられた。現在はコーランの文章と聖母マリアの天井画が共存する。

その広い建物のほぼ中央まで行くと、突然現れるのが、十字架のイエスの像や、キリスト教の礼拝所です。イスラム教勢力を一掃した後、モスクを再びキリスト教会へと塗り替えたことが肌で感じられます。

もちろん、その後は、スペインのカトリック教会として機能していて、現在もミサが執《と》り行われています。赤と白の縞模様のアーチの中にあるイエスの像を見ると、共存するイスラム教とキリスト教の姿に、歴史の重みと不可思議さに思いを馳せずにはいられません。

今から一〇〇〇年あまり前のコルドバは、「世界の宝石」とたたえられるほどの美しさを誇っていました。一〇世紀、後ウマイヤ朝の最盛期には、コルドバの人口は五〇万人を超え、一六〇〇のモスク、三〇〇の浴場、七〇の図書館があったといい、西方イスラム世界の政治・経済・文化の中心となりました。古代ギリシャやローマの文献《ぶんけん》がアラビア語で伝えられ、これを学ぼうとする人たちがヨーロッパ各地から集まり、モスクの中にはスペインで初めてのマドラサ（学院［イスラムの学者を養成するための高等教育機関］）もつくられました。古代ギリシャのアリストテレスやプトレマイオスの業績は、ここでラテン語に翻訳され、ヨーロッパに伝わっていったのです。

コルドバでは、「啓典の民」であるユダヤ教徒とも共存していました。現在でも、メスキータの北側にはユダヤ人街が広がり、当時のシナゴーグ（ユダヤ教の教会）や資料館が残っています。

しかし、レコンキスタが完了して、キリスト教徒の支配になった一四九二年に、ユダヤ人追放令が出されて、ユダヤ人もこの町から姿を消すことになりました。当時のキリスト教徒にとってのユダヤ教徒は、イエスを十字架の刑に処した、許しがたい存在だったのです。

レコンキスタが終わると、スペイン女王のイサベルは、船乗りのコロンブスを援《えん》助《じょ》して、ただちにインド（ここでは、東アジア地域も含む漠然とした地域を指します）へ向けて船団を派遣しました。航路を開拓することによって、莫大《ばくだい》な富をもたらす金やアジアの特産品の香辛料《こうしん》などを、イスラム商人を通さずに直接取引で手に入れようとしました。当時のヨーロッパは、これといった特産物や資源もなく、発展途上の地域だったのです。

世界に広がっていったムスリム商人

ここまでは、イスラム教のはじまりから中世までの歴史を、大きな流れで捉えてきました。ここからは、少し違った角度でイスラム教について見ていきたいと思います。

それでは、まず質問です。次のように聞かれたら、読者の皆さんは何と答えますか。

イスラム教徒（ムスリム）が世界で一番多い国は、どこでしょうか？

「中東の国のどこかじゃないか」

「イラクとか、エジプトとか。やっぱりサウジアラビアかな」

きっと、そんなふうに答える方が多いのではないでしょうか。

もちろんアラブ人（アラビア半島を中心とした地域のアラビア語を話す人たち）

のほとんどはイスラム教徒ですが、世界最大のムスリム人口を抱える国は、東南アジアにある島国、インドネシアなんです。

インドネシアは、人口の九割近くの二億人以上のイスラム教徒を抱えた国です（日本の外務省のホームページによると、人口二・四九億人のうち、イスラム教徒の人口は、八八・一%）。日本人の私たちからすると、少し不思議な気もします。いったいどうしてインドネシアが世界最大のムスリム人口を抱えるようになったのでしょうか。そのカギは、八世紀頃から活躍した、ムスリム商人たちの歴史にあります。

ムスリム商人がイスラム教をインド、東南アジアへ

陸のシルクロードに代表される東西文化の交流の道は、海上にもありました。「海の道」です。

イスラム教が「商人の宗教」とも言われると前述しました。八世紀になると、イ

ランやアラビア半島でラクダに荷物を積み、商品を流通させる隊商貿易についていたムスリムの商人たちが、海上にも進出するようになります。というのも、中国の北方にいた騎馬民族の活動が活発になり、陸路の交易が妨《さまた》げられるようになったからです。

ムスリム商人たちが交易品として扱ったのは、インドネシアの香辛料、中国の絹や陶磁器《とうじき》、インドの宝石や綿布、アフリカの金、象牙《ぞうげ》、奴隷などです。胡椒《こしょう》に代表される香辛料は、交易品としてよく知られていますよね。肉食のヨーロッパ人にとって、旨味《うまみ》と保存の両方の効果をもつ香辛料は欠かせないものとなっていきました。

一三世紀以降、こうしてムスリム商人は活動範囲を広げ、その行く先々で、イスラム教が広まっていきました。

東南アジアやインドに広まったイスラム教は、スーフィーと言われる神秘主義者によるものだったと言われています。白くて長いフレアスカートのような衣装を着て旋舞《せんぶ》するムスリムの姿を、世界史の教科書や資料集などで見たことがある人も多いのではないでしょうか。今でもトルコでは、その旋舞のショーが観光名物のよう

東西を海上で結んでいた「海の道」

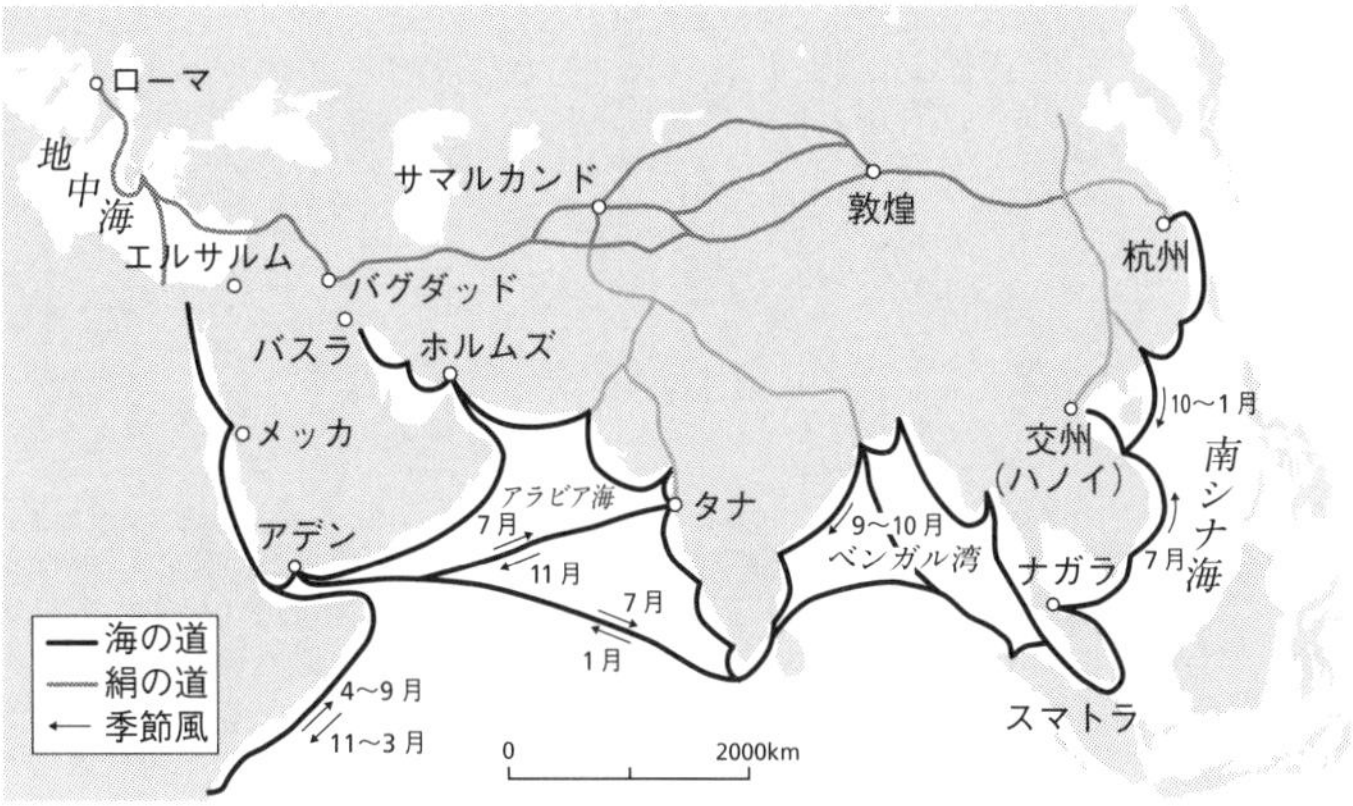

騎馬民族に陸路が妨げられるようになり、陸のシルクロードに代わり季節風を利用する「海の道」が発展する。ムスリス商人がこの地域を盛んに行き来するようになり、イスラム教も広まっていった。

※「グローバルワイド　最新世界史図表」(第一学習社)をもとに作成

になっています。

スーフィーたちは、イスラム教の教えを、学問的な側面からではなく、清貧と禁欲という生活面から実践し、瞑想や唱名《しょうみょう》（祈りの言葉を唱えること）による布教活動を行いました。彼らは、各地の伝統的な習俗《しゅうぞく》や信仰などを取り入れながら信仰を広める布教のスタイルをとったので、土着の宗教や信仰があった地域でも受け入れられやすかったのです。

東南アジアで初めて本格的なイスラム教国家となったのが、マラッカ王国（一四世紀末～一五一一年）です。海峡の名前としてご存じの方も多いでしょう。マラッカは、ムスリム商人の中継貿易で繁栄した港町で、港市国家とも言われています。

もともとマラッカは、周辺王国からの支配や圧迫に苦しんでいましたが、そこから脱却するきっかけをつくってくれたのは、明の永楽帝《えいらくてい》に仕えた鄭和《ていわ》でした（鄭和については、このシリーズの第一弾『世界史で読み解く現代ニュース』の第1章で詳述しています）。ヨーロッパより一〇〇年も早く、中国の大航海時代を築いた鄭和は、ムスリムの移民三世でした。その鄭和が、船団を率いてマラッカ海峡を通る際に、自分たちの渡航の安全も確保する目的でマラッカを保護してくれたため、商取引も国の独立もうまく果たすことができたのです。その後、交易とともに近くの島々にも全域にイスラム教が拡大します。その結果、現在のマレーシアやインドネシア、ブルネイ、フィリピン南部のあたりまで、イスラム教が広がっていくことになりました。

ムスリム商人が東から西へ伝えたもの

こうしたムスリムの商業活動と同時に、東のアジアから西のヨーロッパに伝えられたのが、中国起源の火薬、羅針盤《らしんばん》（磁針）、活版印刷などの先進技術です。これらは、ルネサンスの「三大発明（改良）」として有名なものです。火薬は火砲として戦場で用いられるようになり、活版印刷はグーテンベルクの改良によって、紙の印刷物＝本が大量に生産できるようになり、価格も下がりました。新しい知識や思想が、それまでより早く正確に広まるようになったのです。キリスト教の宗教改革や聖書の普及にも大きな役割を果たしました。

ヨーロッパの人たちが、インドやアジアなど、東方への関心をもつようになったきっかけといえば、マルコ・ポーロ（イタリア・ベネチア人）の『世界の記述（東方見聞録）』が有名です。そのマルコ・ポーロに勝るとも劣らない活動をしたイスラム教徒が、イブン＝バットゥータ（一三〇四～六八か六九年頃）でした。この名前を聞いた覚えがある方も多いのではないでしょうか。

彼は、北アフリカ・モロッコのタンジェ（タンジール）出身の大旅行家です。一三二五年、二二歳のときにメッカ巡礼に出てから約三〇年間、アジア各地やアフリカからスペインへと至る、約一二万キロ（地球三周分に相当します）におよぶ旅を続けました。その三〇年間にわたる旅の初期には、北アフリカ、イラク、ペルシア、アラビア半島、ソマリア、スワヒリ（東アフリカ）海岸を、中期には、黒海沿岸、中央アジア、インド、東南アジア、中国をまわり、後期は、北アフリカ、スペイン、西アフリカを旅しました。彼の口述した『三大陸周遊記』は、一四世紀頃のイスラム世界を知る上で貴重なもので、彼の存在や書籍によっても、ヨーロッパの人たちの東方への関心が高まったのです。

『シンドバッドの冒険』の主人公・シンドバッドが、ペルシア湾からインド洋を航海し、スリランカ、インド、東南アジア各地を訪問しているのも、ムスリム商人の現実世界での活躍が背景にあったからこそ、そのような物語が書かれたわけです。

十字軍もまた、イスラム世界とヨーロッパとの交流を活発化させました。シチリア島のパレルモとスペインのトレドでは、アラビア語やギリシャ語の文献がラテン語に翻訳され、アリストテレス哲学などギリシャの学問やイスラムの哲学・自然科学が西ヨーロッパに伝えられました。

シチリア島は、長靴形のイタリア半島のつま先に位置する三角形の島です。北アフリカのチュニジアにも近く、地理的な要因から、さまざまな勢力に侵入されたり、支配されたりしてきた結果、カトリック系のラテン文化、ギリシャ正教系のビザンツ文化、イスラム系のアラブ文化が共存するようになりました。一一三〇年に両シチリア王国が成立したときも、ラテン、ギリシャ、アラブの各勢力から二人ずつ役人が選ばれて宮廷《きゅうてい》で働いていたそうです。

十字軍の第五回遠征で、イスラム側と交渉し、一時的に聖地エルサレムを回復することに成功した、現在のドイツのあたりにあった神聖ローマ帝国の皇帝フリードリヒ二世は、シチリアのパレルモ育ちです。アラビア語が堪能で、イスラム文化への理解が深い教養人だったそうです。昔も今も、外交交渉には異文化への理解が欠かせないことがよくわかります。

砂糖とイスラム教の関係

十字軍がイスラムからヨーロッパにもたらしたもので、忘れてはいけないもの、それは砂糖です。英語のシュガーのもととなったのは、アラビア語のスッカル。しかし、もとをただせば、砂糖きびを原料とする砂糖の生産は、紀元後にインド北東部のベンガル地方で始まったのが起源です（スッカルの語源はサンスクリット語のサルカラー）。

その後、ゆっくりと東西に伝わり、七世紀には、イランで砂糖きび栽培《さいばい》が始まり、イラク、シリア、ヨルダンへと伝わり、エジプトへと拡大。一一世紀になると地中海や北アフリカ、さらに一二世紀にはイベリア半島に伝わっていきました。このイベリア半島に伝わった製糖技術が、レコンキスタ後にコロンブスから始まるヨーロッパの大航海時代を通じて、いわゆる「新大陸」にもち込まれ、カリブ海やブラジルにおける黒人奴隷を使った大規模な砂糖きびのプランテーションへとつながっていくのです。砂糖の生産が、結果的に奴隷売買を生むなんて、人間の欲望とは、とても皮肉なものですね。

しかし、そんな状況を生むほど、砂糖の甘味は世界中の人たちにとって魅力的なものでした。砂糖は、ムスリム商人たちにとって、主要な貿易品目のひとつとなり、エジプトのカイロやアレクサンドリアでは、イタリア商人に売るときの課税が国庫を潤《うるお》したのです。

薬としても常用された砂糖

アラブ世界では、砂糖は薬としても常用されました。また、ラマダン（断食）月には、この時期特別の甘いお菓子を作るために、権力者から臣下に大量の砂糖が配られる習慣もありました。薬としては、水に溶いて飲めば胃や膀胱《ぼうこう》、腎臓などの痛みを和《やわ》らげ、ペースト状にして目に塗《ぬ》ると、かすみ目が治るなどと信じられていたようです。さらには胸や肺の病気にも効き、咳や痰などのどの不快感を和らげる効果もあったそうです。

ラマダン月の日没後の食事をイフタールと言います。空っぽになったお腹がビックリしないよう、昔からスープやミルク、ナツメヤシの実など、消化のいいものや甘いものを最初に食べて、お腹の調子を徐々にならして食事をするのが習慣で、寝る前にも甘いものをいただくことが多いようです。

ラマダン月にアラブ首長国連邦のドバイで大型マーケットを覗《のぞ》くと、甘いお菓子が山のように積んであり、それをカートいっぱいに買っていく人たちの姿がありました。中には、ラマダンだから昼間は食べられないのに、その場で食べたいと、床に寝転んで泣きながら駄々《だだ》をこねている子どももいて「みんな我慢しているのだから、ここではダメよ」と母親にたしなめられていました。

また、砂糖菓子を生地から作ることが、花嫁修業とされているアラブの地域もあります。代表的なものにバクラヴァという焼き菓子があります。クルミやピスタチオなどのナッツ類とバター、砂糖をふんだんに使ったペストリーのようなお菓子です。

私が二〇〇七年夏にイスラエルに取材に行ったときのことです。通訳と案内をお願いした日本人の男性に、パレスチナ自治区のエリコに連れていってもらいました。政情が不安定だった時期が続いたので、彼も久しぶりの訪問だったそうですが、知り合いだというみやげ物屋の店主が、その日の朝に焼いたというバクラヴァでもてなしてくれました。「結婚式などのおめでたい日に焼くものだから、再会を本当に喜んでくれているんだよ」と、通訳の男性もジーンときている様子でした。炎天下でできたてのアツアツを一緒にいただきましたが、濃厚な甘味が疲れをいやしてくれたのをよく覚えています。

ウィーン包囲の失敗が、カフェ文化とボスニアの悲劇を生む

戦いの結果が、文化の発展とともに内戦の悲劇を生むこともある。それもイスラム世界と周辺国との関係を理解する上で知っておきたいことのひとつです。

それが、オスマン帝国とオーストリアが戦ったウィーン包囲（第二次）です。一六世紀から一七世紀にかけて、現在のトルコのあたりを中心に、イスラム国家のオスマン帝国は、東は中央アジアから西は北アフリカのアルジェリアあたりまで、古代ローマ帝国に勝《まさ》るとも劣《おと》らない一大帝国を築き上げていました。六〇〇年以上にわたってこの地に君臨したオスマン帝国が、衰退の一途を辿るきっかけになったのが、この戦いだったのです。オスマン帝国は、一五万もの大軍を率いてオーストリアの都ウィーンを包囲したのですが、ポーランドなどの援軍によって撃退されました。

この戦いの結果、ヨーロッパにもたらされたもの、それがカフェ文化です。アラブ世界の人たちは、ヨーロッパより先にコーヒーを飲んでいました。その発祥《はっしょう》と伝《でん》播《ぱ》については諸説ありますが、一五世紀半ばぐらいに、エチオピアからアラビア半島のイエメンあたりに入ってきたのではないかと言われています。アルコールが禁止されているイスラム世界では、覚醒《かくせい》効果のあるコーヒーが瞬《また》く間に広まっていき、カフェも誕生しました。

第二次ウィーン包囲に失敗したオスマン軍は、大量のコーヒー豆を残して退却したため、それがオーストリアで飲まれるようになり、イギリス、フランスをはじめ、ヨーロッパに伝わって、カフェ文化が生まれたのです。学者や芸術家、ジャーナリストなどがカフェに集まって、新聞を読んだり、侃々諤々《かんかんがくがく》として意見を交わしたり、まさに文化や政治の原動力を生み出す場へと発展していきました。ちなみに、このときオスマン帝国に勝ったオーストリア軍が、敵の旗に描《えが》かれていた三日月の形のパンを作って食べたのが、クロワッサンの始まりと言われています。

一方、オスマン帝国の衰退が、その後のボスニア内戦の悲劇を生む一因にもなりました。というのも、オスマン帝国は、イスラム教の国家でしたが、わずかな人頭税（ジズヤ）を支払えば、ユダヤ教でもキリスト教でも、それぞれの民族や信仰を認めるというゆるやかな支配体制をとっていました。そうすることで、広範な版図を長きにわたり支配することができたのです。そのゆるやかな支配体制というタガが外れた地域では、今度はそれぞれが独自の民族や宗教を主張し、独自の国家をつくろうと、対立が激化していくことにつながっていきました。

イスラム教の歴史を知る価値

イスラム教が生まれて一四〇〇年あまりが経ちます。創始者であるムハンマドが亡くなった直後から生じた問題が、未《いま》だに尾を引き、宗教内での対立や国際社会におけるイスラム教への理解を難しくしている部分があります。もちろん、多くの敬《けい》虔《けん》なイスラム教徒たちは平和を望み、過激な思想や行動に走るイスラム教徒たちの存在に頭を悩ませています。また、これまでの歴史を辿ってみても、イスラム教徒たちがもたらしてくれた恩恵は、世界中の人たちの生活や文化を豊かにしてくれました。人や物の行き来が比較的自由に、安全にできたのは、メッカへの巡礼のために交通網が整備されたからだと言われています。イスラムの教えのおかげだったわけですね。

考えや主張の違う同士が、お互いの違いを受け入れられないとしても、その中でどう折り合いをつけて共存していくのか。今、世界中の人たちがより考えていかねばならないときを迎えています。

イスラム過激派の論理

池上彰

イスラムの影響力拡大

アラビア半島で生まれたイスラム教。唯一絶対の神への帰依を求める宗教は、厳しい戒律《かいりつ》をもちながらも、ジハードや交易によって、広がっていったことは、これまで見た通りです。

このように広い地域に拡大し、信者の人口も増えたのですが、その後、西欧諸国の帝国主義により、次々に植民地化されていきます。二〇世紀前半まで、イスラム教の世界への影響力という点では、沈滞《ちんたい》の時期を迎えることになるのです。

これが一変したのは、中東で大量の石油が見つかったことによります。一九三八年、サウジアラビアで油田が見つかったのをきっかけに、中東が注目されるようになります。その後、東南アジアのイスラム教国でも石油や天然ガスが発見されます。
また、第二次世界大戦が終わり、ヨーロッパのユダヤ人がパレスチナ地方に大量に入植するようになり、やがて中東戦争が勃発《ぼっぱつ》。国際ニュースとして世界から注目されるようになります。

とりわけ一九七三年に勃発した第四次中東戦争では、アラブ石油輸出国機構（OAPEC）が石油を武器に世界にアラブ諸国の要求を呑《の》ませようとしたことで、アラブ世界の存在が大きなものになります。世界は、中東イスラム世界を意識せざるを得なくなるのです。

その一方、度重《たび》なる中東戦争で多数の難民が発生することで、中東は不安定になっていきます。そもそも紛争が多発するようになったのは、欧米諸国による植民地政策が原因である、という考えによって、反欧米感情が高まっていきます。その結果、さまざまな過激思想が生まれ、過激派組織が伸長していくことになるのです。その中でも、巨大化した自称「イスラム国」（IS）は、私たちに大きな衝撃を与えました。彼らは、「イスラム」の名の下に、残虐な行為を繰り返しました。これまで見てきたイスラムの思想と、いかにかけ離れた思想をもっているか、詳しく見ることにしましょう。

自称「イスラム国」の衝撃

二〇一四年六月、突如としてイラクに出現した「イスラム国」。シリアからイラクにかけての広い範囲に「国家」の樹立を宣言しました。彼らは、イラク中部の主要都市モスルとティクリートを占領します。この勢いを見て、イラク政府軍は戦おうとはせず、軍服を脱ぎ捨て、米軍から供与された最新兵器も捨てて逃げ出したのです。

この結果、「イスラム国」は、やすやすと最新兵器を獲得し、攻撃を拡大しました。一気に首都バグダッドへと侵攻する勢いを見せたのです。

こうなると、さすがにイラク政府軍も危機感を持ち、態勢を立て直します。バグダッド攻略が容易ではないと悟《さと》った「イスラム国」は、今度は一転して進路を北に

20世紀前半の中東

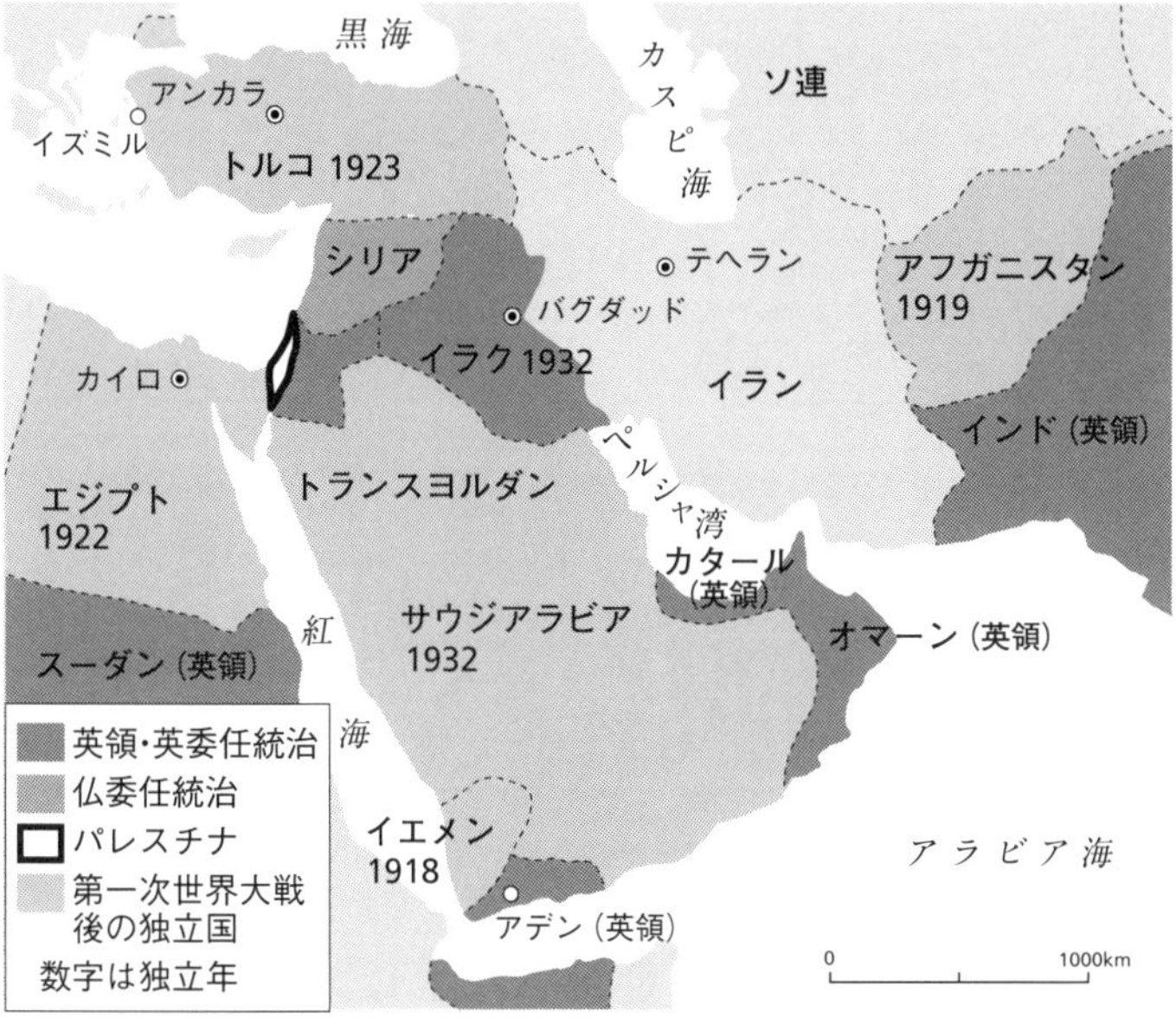

第一次世界大戦後、植民地だった中東の国々は次々独立していった。

※「詳説 世界史 B」（山川出版社）をもとに作成

取ります。イラク北部の少数派宗教集団「ヤジディー教徒」を攻撃して、多数の男性を殺害した上、女性は奴隷にしてしまったのです。ヤジディー教徒は異教徒であり、「啓典の民」ではないから虐殺して構わない、という理屈でした。女性たちは、世界各地から集まってきた外国人戦闘員の妻にされたり、性奴隷として売り飛ばされたりしてしまいました。この蛮行《ばんこう》に、世界は息を呑みました。

「イスラム国」はさらに北へ進もうとしますが、そこで立ちはだかったのはクルド人の民兵組織（ペシュメルガ）でした。

イラク中部から南部にかけてはアラブ人が住んでいますが、北部はクルド人が居住しています。彼らはイスラム教スンニ派ですが、クルド語を話し、独自の文化をもっています。オスマン帝国時代は、山岳部のクルディスタン（クルド人の土地）と呼ばれる地域に居住していましたが、オスマン帝国崩壊後、クルディスタンはイラク、イラン、トルコ、アゼルバイジャンなどに分割され、クルド人は、それぞれの国で少数派になり、迫害《はくがい》を受けてきました。

イラク北部に居住するクルド人たちは、イラク政府と対立を続けながらクルド人

過激派組織「イスラム国」の支配地域とイラクを支配している民族と宗教

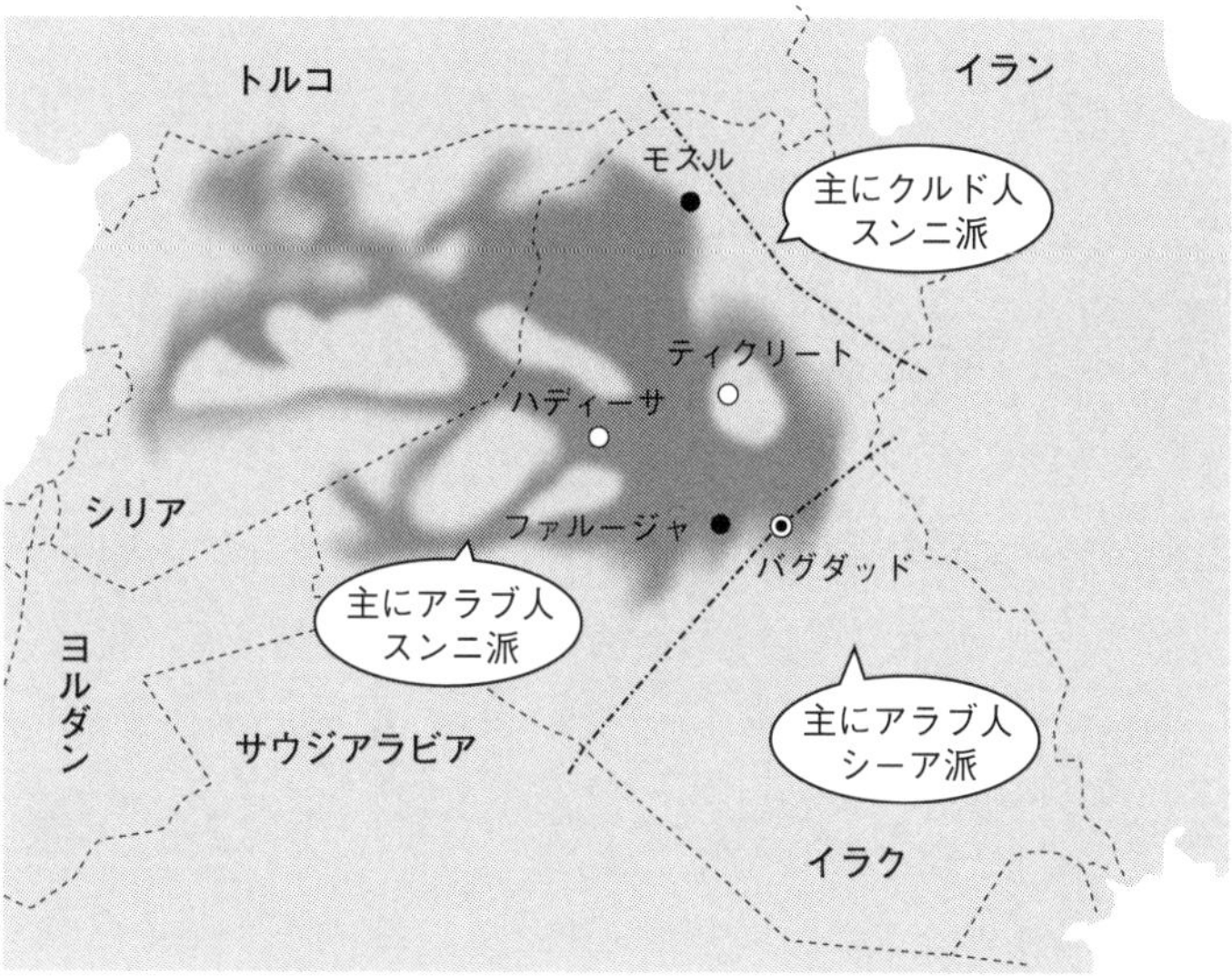

イラク北部はイスラム教スンニ派クルド人、北部から中部にかけてはイスラム教スンニ派アラブ人、イラク中部から南部にかけてはイスラム教シーア派アラブ人が主に住んでいる。「イスラム国」は、イスラム教スンニ派が住んでいる北部から中部に侵入してきた。スンニ派は旧フセイン政権時代は優遇されていたが、マリキ政権はシーア派を偏重した。(2015年6月当時)

自治区を設立し、独自の民兵組織を擁していました。イラク政府軍が頼りにならない以上、自らの手で自治区を守ったのです。

クルド人自治区のエルビルにはアメリカ総領事館があり、「イスラム国」の武装部隊がエルビルに接近したことで、ようやくアメリカが動きます。「イスラム国」と戦う有志連合を結成し、米軍機が「イスラム国」への攻撃を開始しました。

こうした一連の動きの中で、日本に住む私たちに最も衝撃を与えたのは、日本人の人質二人が殺害されたことでしょう。湯川遥菜《はるな》さんと、湯川さんを救出しようとシリアに入ったジャーナリストの後藤健二さんです。オレンジ色の囚人服を着せられた映像は、日本を震撼《しんかん》させました。

彼ら「イスラム国」は、残虐な行為を繰り返し、それをユーチューブなどで世界に拡散させて、周辺の人たちを脅《おび》やかし、戦わずして支配地域を拡大するという方法をとってきました。

「イスラム国」の目的は、スペインからインドまでに拡大したことのあるイスラム教の帝国の最大版図を奪還することです。イスラムの最大版図については、これまで見てきた通りです。その先には、世界制覇《せいは》への野望が見え隠れします。突拍子《とっぴょうし》もないように見える彼らの論理を知っておきましょう。

ブッシュ政権が生み出した過激集団

「イスラム国」という化け物を生み出したのは、アメリカのブッシュ（息子のブッシュ）政権でした。二〇〇一年九月、アメリカ同時多発テロが起きると、ブッシュ政権は、「テロとの戦い」を宣言し、テロを引き起こした反米ネットワーク「アルカイダ」の指導者オサマ・ビンラディンの引き渡しを求めてアフガニスタンを攻撃します。

この攻撃で、アフガニスタンを支配していたイスラム原理主義集団「タリバン」は崩壊しました。これに味を占めたブッシュ政権は、今度はイラクを攻撃します。イラクのフセイン大統領は、独裁者として君臨していました。ブッシュ政権は、フセイン政権が大量破壊兵器を保有している疑惑があるとして、イギリスと共に攻撃したのです。二〇〇三年のことでした。

「大量破壊兵器を保有し、いつアメリカを攻撃してくるかもしれない。その前に攻撃しよう」

これがブッシュ政権の立場でした。これは恐るべき論理です。「相手が攻撃してくるかもしれないから、その前に攻撃しよう」などという論理が認められれば、世界中で戦争が起きかねないからです。

中東地域には、フセイン大統領以外にも大量破壊兵器を保有ないしは保有したがっている独裁者はいます。その中で、フセイン大統領だけを狙《ねら》い撃《う》ちにした背景には、イラクの豊富な石油資源が魅力的だったという事情も見え隠れします。米軍がイラクの首都バグダッドに入った際、真っ先に押さえたのはイラク政府の石油省でした。他の省庁が住民による無差別掠奪《りゃくだつ》にあっても、何も手出しをしなかった米軍ですが、石油省だけは別格だったのです。

中東イスラム世界が国際舞台に登場した理由である石油が、ここでも大きな意味をもったのです。

フセイン政権が崩壊すると、アメリカは、支配政党「バース党」の党員全員を公職追放します。フセイン独裁政権を支えていた組織だから、という判断だったのですが、これが大間違いでした。イラクでは、公務員や警察官、医師、教師、軍の将校などになるには、バース党員であることが条件だったからです。バース党員の公職追放により、一夜にしてイラク政府職員が消滅《しょうめつ》しました。学校に教師の姿はなく、病院から医師は消え、警察官も軍の将校もいなくなりました。後には無秩序《むちつじょ》だけが残されたのです。

イラクの人口の六割はシーア派で、スンニ派は四割と少数派ですが、スンニ派だったフセイン大統領は、アラブ人のスンニ派を優遇し、シーア派やクルド人を抑圧していました。

軍の将校は、軍事知識はあっても、他の仕事を見つけるのは困難です。アメリカを憎む大量の将兵を野に放つ結果になり、彼らは反米テロ組織に加入したり、イスラム過激派の誘《さそ》いに乗ったりしていきます。中東全体に広がっている反欧米《おうべい》ムードが、ここで大きく作用しました。

こうして、やがて「イスラム国」が結成されることになる経緯《けいい》を見ると、アメリカのブッシュ政権の歴史的責任の重さを痛感します。

「イスラム国」の前身は、「タウヒードとジハード団」という小さなスンニ派の過激組織でした。「タウヒード」とは「神の唯一性」と訳されます。つまりは「唯一の神に忠誠を誓い、聖戦を戦う組織」とでも訳せましょうか。指導者はアブムサブ・ザルカウィというヨルダン人でした。

二〇〇四年一〇月、アルカイダに忠誠を誓って「イラクの聖戦アルカイダ」に改称。この月、日本人青年の香田証生《こうだしょうせい》さん（当時二四歳）をイラク国内で誘拐・殺害し、そのビデオ映像をインターネットに公開しました。この頃から誘拐や殺人を繰り返していたのです。

ザルカウィ自身は二〇〇六年六月、米軍の攻撃により殺害され、組織は二〇一〇年に「イラクのイスラム国」と再度改称しますが、方針があまりに過激なことから、イラク国内での支持は広がりませんでした。

転機となったのは、二〇一一年三月です。北アフリカのチュニジアで始まった民主化運動「アラブの春」がイラクの隣国シリアにも飛び火。独裁政権であるアサド政権に対する反政府運動が盛り上がると、彼らは、これに目をつけ、「ヌスラ（勝利）戦線」というシリア向けの組織をつくり、シリア内戦に介入します。

二〇一三年になって、「イラクのイスラム国」は、ヌスラ戦線を併合。「イラクとシリアのイスラム国」（ＩＳＩＳ）と改称して、シリア国内での活動を活発化します。

しかし、ヌスラ戦線のメンバー全体が併合されたわけではなく、この方針に反発するメンバーとの間で対立が深まります。するとアルカイダの指導部は、「ヌスラ戦線はシリアで、イラクのイスラム国はイラクでと、その活動の役割分担をするように」と指令を出します。これに「イラクとシリアのイスラム国」が猛反発。「イラクやシリアに国を分けたのはヨーロッパによるサイクス・ピコ協定であり、それを追認するような役割分担はおかしい」というわけです（「サイクス・ピコ協定」とは、第一次世界大戦中の一九一六年五月、イギリス、フランス、ロシアの間で結ばれた、オスマン帝国領の分割を約束した秘密協定）。

その後、「イラクとシリアのイスラム国」がヌスラ戦線への攻撃を始めるに至って、アルカイダは「イラクとシリアのイスラム国」を除名処分にしました。

「イラクとシリアのイスラム国」は、シリアに入ると、シリア国内でアサド政権と戦っている自由シリア軍など反政府系組織を襲撃して武器や資金を獲得《かくとく》するという手段に出ました。領土の横取りまでしたのです。

また、貧弱な武器しかなく、資金不足に悩む反政府勢力の中には、「イラクとシリアのイスラム国」に合流する戦闘員も続出。「イラクのイスラム国」は、勢力を増強してイラクに戻ってきたのです。

イラク政府のシーア派優遇策がスンニ派住民を反政府に

イラクに戻って来た彼らを見て、イラク政府軍は、先述したように敵前逃亡します。「イラクとシリアのイスラム国」が侵入してきた地域は、もともとイスラム教スンニ派の住民が住んでいる地域です。フセイン政権崩壊後にできたイラクのマリキ政権は、イラク国民の多数派であるシーア派を偏重《へんちょう》していました。スンニ派住民は、これに不満を募らせていたので、「イラクとシリアのイスラム国」の侵入を歓迎《かんげい》しました。スンニ派の旧フセイン政権時代の将兵や官僚も結集。軍事的に強くなり、しっかりとした統治機構が整備されていくのです。

一方、マリキ政権のシーア派偏重により、イラク軍兵士の主体もシーア派です。スンニ派住民が住む地域には何の愛着もなく、命をかけてまで戦う意欲はなかったのです。

こうして、「イラクとシリアのイスラム国」は、米軍がイラク軍に供与した最新兵器を多数獲得しました。米軍が空爆している対象は、皮肉なことに戦車や装甲車《そうこう》などみんな米国製なのです。

シリアとイラクで支配地域を広げた彼らは、二〇一四年六月、遂《つい》に「イスラム国」の樹立を宣言します。支配地域をイラクやシリアに限定することはないという宣言であったのです。イラク北西部からシリア東部を支配地域としました。その面積はイギリスに匹敵《ひってき》し、域内には八〇〇万人の住民が住んでいました。

彼らがインターネットに投稿《とうこう》した動画の中に、シリアとイラクの国境に築かれた堤《つつみ》をブルドーザーで破壊し、「サイクス・ピコ体制を打破したぞ」と気勢を上げるシーンがあります。ヨーロッパによって勝手に国境を引かれたことに対するアラブ人の恨みを晴らすかのような映像です。「イスラム国」による残虐な行為が伝えられても、組織が維持できている背景には、欧米への反感から「イスラム国」を支持してしまう人々がいることを示しています。

「カリフ国家」も宣言

さらに「イスラム国」は、「カリフ国家」を宣言します。「イスラム国」の指導者アブー・バクル・アル＝バグダディが、自らを「カリフ」と名乗ったのです。カリフとは、増田さんの説明にあったように、預言者ムハンマドの後継者です。ムハンマドの後継者選びをめぐって、ムハンマド亡き後のイスラム教徒はスンニ派とシーア派に分裂しますが、スンニ派の指導者としてのカリフ制度が続いてきました。

しかし、オスマン帝国崩壊後の一九二四年、トルコ共和国建国の父であるムスタファ・ケマル・アタテュルクによってカリフ制度は廃止《はいし》されています。それ以来、九〇年ぶりに〝カリフ〟が誕生した、というわけです。

それまでの「イラクのイスラム国」や「イラクとシリアのイスラム国」という名称は、その地域での組織化を念頭に置いていますが、「カリフ」を名乗ったということは、世界のイスラム教徒に対して忠誠を求めること。イスラム世界の統一の野望を明らかにしたのです。

ただし、イスラム世界で、このカリフを正統と認める動きはありません。「イスラム国」が自称であり、世界から承認されていないように、「カリフ」もイスラム世界で認められていないのです。

それでも、これまでのイスラム過激組織は、その国の中での支配権獲得を目指したり、アルカイダのように反米テロ組織だったりで、カリフ制にもとづく国家樹立を宣言したのは、極めて異質です。

イスラム世界の承認はないものの、イスラム過激派の中には、「イスラム国」に忠誠を誓う組織も出てきました。ナイジェリアで女子生徒の誘拐などを繰り返している過激組織「ボコ・ハラム」やイエメンを拠点にする「アラビア半島のアルカイダ」は、組織として忠誠を宣言しました。北アフリカのリビアにも「イスラム国」系の組織ができました。

また、アフガニスタンのタリバンやパキスタンの「パキスタン・タリバン運動」の幹部も賛意を示していますが、組織として合流しようとしているかどうかは不明です。

彼らの目標は、二〇二〇年までにスペインからインドまでの地域を征服することでした。驚くべき主張です。東京オリンピックまでに、この地域を取り戻すというのです。

例えばインド大陸の大半は、一七世紀から一八世紀にかけてムガール帝国が支配していました。スペインは、後ウマイヤ朝が支配し、キリスト教徒が土地を奪回しました。増田さんによるイスラム教の歴史で説明があった「レコンキスタ」（国土回復運動）ですね。

「イスラム国」の指導者アブー・バクル・アル＝バグダディ。（アマナイメージズ）

「イスラム国」は、かつてイスラム教徒が支配し、その後失った土地を取り戻すというのです。過去の栄光を取り戻したいイスラム教徒には、魅力《みりょく》的な目標です。

バグダディという人物は、一九七一年、バグダッド北部の町サマラで生まれ、バグダッドのイスラム大学（現イラク大学）で博士号を取得したとされています。

二〇〇五年、アルカイダの協力者としてバグダッドで逮捕され、アメリカが設営した収容所「キャンプ・ブッカ」に収容されます。ここでイスラム原理主義者たちに出会い、過激な思想が形成されたと見られています。この点でも、「イスラム国」はアメリカによって形成されたのです。

二〇〇九年、イラクの主権がアメリカからイラクに引き渡され、バグダディは収容所から釈放されます。このとき彼は、米軍の司令官に対して、「ニューヨークで会おう」と言ったといいます。当時の司令官は、単なる愛想を言っただけと受けとめたようですが、彼は、アメリカをもイスラム国家にするとの野望を明らかにしたのかもしれません。

ちなみにバグダディの本名は、イブラヒーム・アッワード・イブラヒーム・アリー・アル・バドリー・アル・サマッライといいます。それがアブー・バクル・アル＝バグダディを名乗っているのは、「アブー・バクル」が初代カリフの名前だからです。さらに「アル＝バグダディ」は、「バグダッド出身」を意味します。かつての指導者ザルカウィは、その名前からヨルダンのザルカー市出身であることがわかります。イラクで勢力を拡張する組織のトップは、イラク国民の支持を得るため、イラク出身であることがわかることが望ましいと考え、こう名乗っているのではないかと言われています。

二〇一四年七月、「イスラム国」が、バグダディが説教している映像を配信しましたが、この中で彼は右腕に腕時計をしています。そこで左利きかもしれないという憶測《おくそく》もありますが、腕時計はオメガ。意外にブランド好きなのか、金持ちなのか。

イスラム過激派は、なぜ極端な行動をとるのか

「イスラム国」は、支配地域で、女性たちに全身を覆うローブの着用を義務づけ、犯罪者を斬首《ざんしゅ》したり、腕を切り落としたり、鞭《むち》打ちの刑に処したりという極端な行動に出ました。イラクやシリアでは、貴重な遺跡を破壊しています。「偶像崇拝は許されないから」というのが、彼らの主張です。彼らは、一連の行為を「イスラムの教えに従っている」と主張しているのです。これは、どうしてなのでしょうか。

「イスラム国」はカリフ制を宣言しました。預言者ムハンマドや、その後の正統カリフがいた時代は、イスラムの教えを忠実に守ることで、理想の社会が形成されていた。このように考える人たちがいます。彼らは、その当時を「サラフ（祖先）の

時代」として理想化します。

「サラフの時代のイスラムの実践に回帰しよう」。こう考える人たちは、「サラフィー主義者」と呼ばれます。

イスラム過激派も、こうしたサラフィー主義者の系譜《けいふ》に属します。彼らは、かつての「栄光の時代」を理想とし、その後に発展したイスラム文化を全否定します。

実は、サウジアラビアの国教であるイスラム教のワッハーブ派の考え方も、これに連なります。このため、今もサウジアラビアにおいては、女性たちは家にいるのが望ましいとされ、全身をローブで覆い、顔はニカブで目しか出すことはできません。宗教警察が街をパトロールして、女性の服装の乱れを注意したり、お祈りの時間に営業している店がないかチェックしたり、ということをしています。女性の自動車運転は認められず、運転の権利を主張した女性は逮捕《たいほ》されました。二〇一八年になって、ようやく女性の運転が認められました。死刑は斬首ですし、盗みへの刑罰は腕を切り落とします。イスラム教のシーア派を異教と断じるなど、敵意も並々ならぬものがあります。

「イスラム国」の行動様式は、実はサウジアラビアのワッハーブ派と親和性が強いのです。アフガニスタンのタリバン、パキスタンの「パキスタン・タリバン運動」の思想も同様です。

サウジアラビアは、さすがに自国の流儀を他国に押しつけたり、異教徒を殺害したりはしませんが、世界のイスラム過激派に大きな影響力をもっているのです。アルカイダのオサマ・ビンラディンも、アメリカ同時多発テロを実行したメンバーの多くも、サウジアラビア出身であることを考えれば、過激思想の温床《おんしょう》になっていることは事実なのです。

「シャリーア」（イスラム法）を絶対視

「イスラム国」は、ヤジディー教徒を奴隷にしたり、誘拐した人の身代金を要求したりしました。こうした行動の根拠となるのが、次の文章です。

「捕虜《ほりょ》が異教に固執《こしつ》する場合には、次の四つの方法のうちのもっとも適切と思われる方法を選択する。すなわち殺すか、奴隷にするか、身代金の支払いかムスリムの捕虜と交換に釈放するか、あるいは身代金なしで釈放の恩恵を与えるかである」（アル＝マーワルディー著、湯川武訳『統治の諸規則』）

イスラム過激派の根拠となるのが、増田さんもイスラムの歴史で取り上げた「シャリーア」（イスラム法）です。ここで引用したのは、シャリーアを集大成した古典的な書物にある文章です。衝撃的な文章ですが、彼らの内在的論理を知っておきましょう。

イスラム世界でも、近代的な国家では、国民から選挙で選ばれた議員が法律を制定しますが、原理主義的な考え方では、法律を作ることができるのは神のみ。神がつくった法律が「シャリーア」なのです。

こうした判断に対しては、イスラム法学者によって解釈に違いが出たため、イスラム教スンニ派世界では、代表的な四つの派があります。

先ほど引用した書物の著者アル＝マーワルディーは、一〇世紀から一一世紀にかけてイラクで裁判官を務めたイスラム法学者です。「イスラム国」の指導者バクダディはバグダッドの大学院で学んだイスラム法学者ですから、当然この内容を踏《ふ》まえた統治をしていると見られています。

この書物には、現代から見ると、驚《おどろ》くような規定がいくつもあります。

「ムスリム（イスラム教徒のこと）は、捕えた多神教徒の兵士を、戦闘中の者であれ、戦闘中でない者であれ、殺してよい」

「もし戦闘で敵が、女や子供を盾にして隠れたりしたら、敵を殺すときに女子供は殺さないようにしなければならない。しかし、もし、女子供を殺さなければ、敵を殺すために敵のところまで到達することができない場合は、女子供を殺してもよい」

イスラム過激派が、人混みで自爆テロを実行し、女性や子どもが犠牲になっても意に介さないのは、この規定があるからでしょうか。

ジハード（聖戦）で敵に勝利したものの、敵がイスラム教に改宗しない場合は、どうすればいいのか。

「この場合、彼らの女子供は奴隷にされ、彼らの財産は戦利品として没収され、彼らの中で捕虜とならなかった者は殺される。捕虜となった者は、次の四つのうちもっとも有益だと考えられる扱い方によって扱われる。①首を刎《は》ねて殺す。②奴隷にして売ったり解放したりする。③金あるいは味方の捕虜と引き換えに釈放する。④寛大に扱い釈放してやる」

「イスラム国」は、イラク北部に居住していたヤジディー教徒を攻撃し、イスラム教徒への改宗を拒んだ者たちに対して、男は殺害し、女性と子どもたちは奴隷にしました。驚くべき野蛮さと非難を浴びましたが、彼らは、イスラム法に則って行動していると信じているのです。

また、この文章では、身代金を取ることや捕虜の交換なども規定されています。後藤健二さんを人質にとって身代金を要求したり、ヨルダンの死刑囚との身柄の交換を要求したりするのも、こうした規定にもとづいた行動です。

「イスラム国」は、その残虐性とは裏腹に、自らの領土内のユダヤ教徒やキリスト教徒に対しては、人頭税（ジズヤ）を払えば、イスラムへの改宗を強制せず、自らの信仰を保持することを認めました。イスラム法で定められているからです。

「ユダヤ教やキリスト教を信奉していた人々は、そのいずれかを信仰し続けることを条件にジズヤの徴収が承認される」

ユダヤ教徒やキリスト教徒は「啓典の民」だからです。

こうして見ると、単なる無頼《ぶらい》の徒に見える「イスラム国」も、彼らなりの法律規範にもとづいて行動していたことがわかります。

しかし、これらは、今から一〇〇〇年近く前のこと、しばしば戦争が起きていた時代のルールです。それを、そのまま現代に適用しようという時代錯誤《さくご》ぶり。これが、さまざまな問題を引き起こしているのです。

「自爆テロ」という逸脱

「イスラム国」の攻撃で特徴的なのは、「自爆《じばく》攻撃」を多用することです。自らが死ぬことを恐れぬ戦闘員が多数攻撃してきたら、陣地を守ることは困難です。次々と攻めてきて、嬉々《きき》として死んでいくのですから。これは、『コーラン』の次の一節が根拠です。

「アッラーの道において殺された者たちが死んでいると考えてはならない。いや、彼らの主の御許で生きており、糧を当てられている」（『日亜対訳クルアーン』三章一六九節）。

イスラム教においては、現世の人は、死ぬのではなく、眠りにつくのです。最後の審判の日、人々は地下からよみがえり、ひとりひとりアッラー（神）の前に引き出され、生前の行いについて審判を受けます。生前の善い行いと悪い行いが秤《はかり》にかけられ、善い行いが多ければ天国に、悪い行いが多ければ地獄に落ちるのです。

ところが、「アッラーの道において殺された」、つまりジハード（聖戦）で殺された者は、アッラーの御許にいるということであり、天国に直行できたことを意味します。

ジハードで殺されたら天国に直行できる。これがイスラム教徒の常識です。

では、「自爆テロ」はどうなのか。実はイスラム教では、自殺は大罪。地獄に落ちる行為です。神が与えてくれた大切な生命を勝手になくしてしまうからです。

こうなると、「自爆テロ」を自殺だと考えれば、地獄に落ちますし、ジハードで殺されたと考えれば天国に行きます。果たして、どちらなのか。

私たちは、この行為を「自爆テロ」と呼んでいますが、イスラム過激派は、「殉教攻撃」と呼びます。

「イスラム国」の戦闘員は、「殉教攻撃」と考えて、次々に自爆テロ攻撃を仕掛けるのです。

キリスト教徒への攻撃という逸脱

二〇一五年四月に起きたケニアの大学でのテロ事件では、キリスト教徒たちが犠《ぎ》牲《せい》になりました。「イスラム国」の支配地域内ではキリスト教徒が保護されているとしても、「イスラム国」に連なるリビアの過激派は、エジプトからの出稼ぎ労働者のキリスト教徒を殺害しています。

イスラム過激派は、『コーラン』や『ハディース』の教えに従っていることになっていますが、きちんと読んで理解しているのは、ほんの一握りです。「敵は殺せ」と、戦争を続けていくうちに、残虐性を身につけ、中には殺人を喜びとする異常な人物を次々に生み出しています。

本来、キリスト教徒は「啓典の民」として保護しなければならないのに、キリスト教＝欧米の帝国主義というイメージをもった過激派の中には、キリスト教徒をも目の敵にするグループがいるのです。

「イスラム国」の声明や動画は、インターネットを通じて世界中に拡散しました。欧米では、イスラム世界からの移住者の子どもたちが、キリスト教社会の中で差別されたり、疎外《そがい》感を味わったりしています。そんな彼らが「イスラム国」の動画や宣伝を見て、ジハードに憧《あこが》れる。こんな状況が生まれました。

「それぞれの国でテロを起こせ」という扇動《せんどう》に乗って、カナダやフランスでテロを引き起こす者も出てきました。インターネットが世界をつなぎ、グローバル社会を生み出したとされますが、テロもまた、グローバル化しているのです。

二〇一八年になると、「イスラム国」に対するアメリカやロシアの攻撃が強まり、

「イスラム国」の力は弱まりましたが、依然として散発的なテロが起きています。

唯一絶対の神に帰依するイスラムは、民族を超え、国境を越えて世界に広がりました。イスラム過激派もまた、別の方法で国境を越えているのです。

第2章

世界に影響力をもつキリスト教の現在、そしてこれから

世界を覆《おお》うキリスト教の影響力

増田 現在、キリスト教徒は世界で約二一億人以上いると言われていて、最も信者の数が多い宗教です。

池上 キリスト教といっても、カトリック、プロテスタント、イギリス国教会やギリシャ正教会（東方正教会）をはじめ、さまざまな教派がありますが、その影響力は、世界中へ及《およ》ぶわけですよね。

増田 その中でもカトリックは、世界に約一一億人の信者がいます。その頂点に立つのが、ローマ法王（教皇）です。ですから**ローマ法王が、こうすべきだと言えば、一一億もの人がその通りに動くとも考えられるのですから、絶大な力ですね。**

池上 そうですね。一九六一年にアメリカの大統領に就任したジョン・F・ケネディはカトリック教徒でした。当初は立候補をめぐり、ローマ法王の意向に従う人間が大統領にふさわしいかという議論が起こりました。アメリカの代表が、法王、つまり他国の人間の指示に従うような事態になったら、おかしいだろうということですよね。その批判に対してケネディは、政治と宗教は別だといって応えたわけです。

増田　そういう状況《じょうきょう》もあって、結果的に歴代のアメリカ大統領は、ケネディ以外はすべてプロテスタントが続いていますね。

池上　日本では全然ニュースになりませんでしたけれど、二〇〇八年から総理大臣を務めた麻生太郎氏もカトリック教徒で、ヨーロッパでは、日本にカトリックの総理大臣が誕生したと報道されました。

増田　欧米では、それほど宗教が大きな意味をもつと考えられているんですよね。もちろん歴史的な経緯《けいい》もあるのですが、だから国家の運営に際しては、政治と宗教は分けようと、政教分離という考え方が生まれてきたところがあるわけです。

池上　ローマ法王はバチカン市国の国家元首でもあります。このバチカン市国の情報収集能力は恐るべきものがあります。カトリックの宣教師たちは、南米やアフリカの奥地にも出向いています。彼らは、バチカン市国にあるローマ法王庁に、その土地のさまざまなことを報告しています。ですから**バチカンには、世界中から各地の情報が、いち早く集まってきているわけです。**

増田　国という枠組みを越えた存在と言えます。そして、現地にいると、いろいろな実態がわかるので、それがとても重要な情報であったりするのですよね。アフリカの奥地で奇病発生、などと速報が入ってきたりもするでしょうから。

池上　信者たちの情報は当然ながら、政情が不安定になってきているとか、その土地に留まるべきかどうかなど、現地にいるからこそ察知できることも多いわけです。日本の外務省の各国情勢より正確な情報をもっているのではないでしょうか。

増田　現代社会において、情報をもっているということは、それだけで強い立場です。**キリスト教が世界に対して大きな影響力をもっているというのは、多くの信者を抱えていることだけでなく、その巨大な情報網《もう》をも指しているのです。**

キリスト教徒は減っている？

増田　最近のアメリカの調査機関の予測では、二〇七〇年頃《ごろ》には、キリスト教徒とイスラム教徒が、ほぼ同数になるのではないかという報告があります。

今、ヨーロッパでは、キリスト教の信者数が減ってきています。例えばイギリスでは、イギリス国教会の教会がこの何年かで一〇〇や二〇〇といった単位で閉鎖《へいさ》に追い込まれているそうです。その結果、イギリスをはじめ、ドイツやオランダなどでは、閉鎖された教会をそのままにしておくわけにもいかないので、改築をしたりして、住宅や本屋、果てはパブやサーカスの練習場としても使われている状況があります。

けれど、キリスト教の信仰《しんこう》自体を捨てるわけではないという人もいるんですね。キリスト教の信者というのは、教会に届けを出して、教会ごとに所属しています。その教会をやめてしまう人が増えている。つまり信者として教会には所属していないけれど、信仰を捨てるわけではない。そのようなことがどうして起こっているのかといえば、それは、例えばドイツでは教会税というものがあって、給料から天引きされています。教会税は、聖職者の年金などに充《あ》てられているのですが、それが不本意だといって、教会を離れる人もいます。そうすると、教会税を払わなくてよくなるからなんです。その結果、教会に所属している信者数が減って、教会の運営がままならないという事態が起こっているわけです。

池上　教会が信者の人数を把握《はあく》していますから、表向きの人数としては、信者数は減るわけですね。イスラム教には、そういったキリスト教の教会のような信者の把握の方法はありませんから、信者数はいつも推定という表現になってしまいますが。

けれど、**ヨーロッパ社会は政教分離を謳《うた》っているはずなのに、ドイツでは教会税を給料天引きで徴収《ちょうしゅう》しているというのも意外ですよね。それほど、キリスト教が生活に根差していたり、教会が権力をもっていたりする証《あかし》でもあるわけでしょうね。**

増田　ヨーロッパでも、教会で結婚式を挙げるためだけに教会に所属するという人たちがいますから、キリスト教のあり方も大きく変化してきているのだと思います。

池上　ええ。逆に南米やアフリカの新興国では、キリスト教の信者は増え続けてきました。特にカトリックが多いですね。その結果、これまでローマ法王は、ほぼヨーロッパ出身者で占められてきましたが、いずれ法王も、南米やアフリカ出身者から選ばれるのではないかと言われていました。そして二〇一三年に、ついにアルゼンチン出身のフランシスコ法王が誕生しました。

増田　キリスト教は、その教義の中心に「神の前の平等」を据《す》えています。平等というものに心の拠《よ》り所を求める人たちが増えるような状況が、信者が増えている国や地域にはあるのではないかと思います。今、南米やアフリカでは、急激な経済発展を遂《と》げている一方、社会における不正や格差がはっきりと目に見えるようなかたちで現れていますからね。

池上　また、カトリックは、「産めよ、増えよ、地に満ちよ」という『創世記』にある神の言葉を信仰していますから、子どもがたくさん生まれていて、結果として信者が増えていますね。

増田　逆にヨーロッパなどでは、情報を得やすくなっている今の環境によって、キリスト教への疑問をもつ人たちが出る。そういう状況があって、キリスト教に距離を置いたり、無宗教になったり、仏教に傾倒する人たちがいます。

池上　世界の社会状況の変化に即《そく》して、宗教が影響を与えるだけではなく、当然、宗教自体も影響を受けているということですよね。

世界の変化とキリスト教

増田　アメリカとキューバの外交関係は、一九六一年以来、途絶《とだ》えてきました。それが二〇一四年、国交正常化に向けての交渉を開始すると、両国から発表され、二〇一五年の四月には、オバマ大統領が、キューバのテロ支援《しえん》国家の指定解除に向けて動き出します。ローマ法王フランシスコによる働きかけが、交渉開始への足がかりになったとも言われています。

池上　アメリカもキューバも関係を改善させようといった思惑《おもわく》が互《たが》いにありながら、なかなか直接対話ができないでいた。そこでローマ法王に仲介役《ちゅうかい》として登場してもらった。そんな状況があるのかもしれません。

増田　歴史を遡《さかのぼ》っても、歴代のローマ法王は、世界情勢に何らかの影響を与える存在ですよね。現在のローマ法王フランシスコは、カトリックと中国との関係改善にも積極的です。

池上　人口が一三億人もいる中国は、魅力的なマーケットですからね。

増田　ヨーロッパではキリスト教離れが進む一方で、中国では、キリスト教徒が大変増加していて、今、七〇〇〇万人ほどいると言われています。それが二〇三〇年には、二億四七〇〇万人まで拡大するだろうと予測されています。

池上　現在のアメリカのキリスト教徒と同じ位の数になるというのですから、驚きですね。

増田　そうなんです。人口が多い分、伸びしろも大きい。しかし、今の中国のキリスト教徒は、地下教会といって、公《おおやけ》に認められていない状況での信仰を強《し》いられている人たちが多いんですね。もちろん地下教会は、カトリック系もあれば、プロテスタント系などもあります。

中国は、憲法の上では信教の自由を保障されてはいるものの、結局は政府によって宗教活動は制限されています。バチカン市国と中国は国交も結んでいませんし、カトリックをはじめキリスト教自体も、すべてを公に認められているわけではありません。一応、中国共産党が公認したキリスト教の教会はあります。しかし、本来であれば、ローマ法王が任命するはずのその司教も、中国政府が勝手に公認していました。二〇一八年になって、ローマ法王が、中国政府が認めた司教を追認する動きが出ました。ただ、**ヨーロッパでのキリスト教離れといった現状もあり、カトリックにとって今、やはり中国は重要な存在です。**

池上　バチカン市国は、台湾、つまり中華民国と国交を結んでいますから、その存在を認めていない中国との直接的な関係改善は、難しいところがあります。

増田　カトリックと中国、互いに譲《ゆず》れない部分があるんですよね。それがクリアにならない限り、それぞれの関係は、厳しい状況が続くことになるでしょう。ただ、中国も西洋に目を向けないわけにもいかないし、欧米《おうべい》諸国との関係を考えれば、キリスト教を否定するようなことはできないはずだと思います。

池上　中国でも、大変な貧困《ひんこん》状況に置かれている人たちが、キリスト教を信仰している場合もあれば、共産党の幹部や富裕層でキリスト教に入信する人たちもいるそうです。

増田　どこの国でも、困窮《こんきゅう》者にとって教会が、生活や医療《いりょう》の援助《えんじょ》をしてくれて、心のケアもしてくれる、駆《か》け込む場所になっていることが、信者を増やす要因のひとつになっています。

また一方、富裕層《ふゆう》と呼ばれる人たちの中にも、いくらお金を稼《かせ》いでも、虚《むな》しさのようなものを埋《う》めることができない、拠り所がないといった感覚をもつ人がいます。そしてそういう人たちは、仕事や余暇《よか》を利用して海外へ出かけることも多いでしょうから、キリスト教に触《ふ》れる機会も増えます。その中でキリスト教に傾倒《けいとう》する人たちが出てきているのです。

中国に限らず、新興国でキリスト教の信者が増えている理由は、困窮している人たち、裕福な人たちの両方に、それぞれの傾向《けいこう》があってのことだと思います。

池上　共産党というのはもともと、マルクス・レーニン主義ですから、世界中のみんなが平等で、働く者のための社会をつくることが理想でした。その理想に燃えているときは、心が満たされていたわけです。ある種の共産党教とも言えるでしょう。しかし、そんな社会でお金持ちが出てきたり、格差が広がっていったりすると、共産主義を目指している国などとは、とても言えないわけです。ですから、そんな状態が虚しくなってくる人たちも当然出てきます。そうすると人間というのは、何か心の拠り所が欲しくなるものなので、それを宗教がカバーすることになる。

こうして今も世界の至るところで影響を与え続けているキリスト教ですが、私たちは、どこまで知っているのでしょうか。キリスト教について、詳《くわ》しく見ていきましょう。

キリスト教が世界最大の宗教となった理由

増田ユリヤ

イエスはユダヤ教徒だった

キリスト教をあまりよく知らない、という人でも、レオナルド・ダ・ヴィンチの描いた有名な「あの絵」なら知っているのではないでしょうか。

そう、「最後の晩餐《ばんさん》」です。

最後の晩餐は、いろいろな人によって描かれていますが、キリスト教の創始者、イエスが捕らえられ、裁判の末に十字架《じゅうじか》にかけられる前夜に、一二人の使徒（弟子）とともに夕食をとる様子を描いたものです。この席上で、イエスは「あなたがたのうちのひとりが、私を裏切ろうとしている」（『新約聖書』マタイによる福音書《ふくいんしょ》第二六章二一節）と発言します。絵の中には、このイエスの衝撃的な言葉に動揺《どうよう》する弟子《でし》たちの様子とともに、裏切り者のユダが描《えが》かれています。イエスに向かって左隣の三人目、手に袋を握りしめているのがユダです。袋の中には、彼がイエスを引き渡す代わりに受け取った、銀貨三〇枚が入っています。

では、この最後の晩餐が開かれたのは、いったいいつだったのでしょうか。

『新約聖書』には、最後の晩餐に際して、弟子たちがイエスに命じられて「過越《すぎこし》の食事」の準備をした、と書いてあります（マタイによる福音書二六章一七〜三〇節など）。過越とは「過越しの祭」のことで、詳しくは第3章で解説しますが、ユダヤ教の大切な行事のひとつです。つまり、イエスもその弟子たちも、もともとはユダヤ教徒だったのです。

ちなみにダ・ヴィンチの絵は、イタリアのミラノにある、サンタ・マリア・デレ・グラツィエ教会付属修道院の食堂の壁《かべ》に描かれています。二〇一四年、初めてミラノを訪《おとず》れてこの壁画《へきが》を目にしたときには、想像以上に大きく、人間の様子が生き生きと描かれているのに圧倒されました。なんとか戦火を逃《のが》れたこの絵は、一九七〇年代から修復を開始して、一九九九年にその作業を終えます。原画に近い姿を

「最後の晩餐」（レオナルド・ダ・ヴィンチ）
イエスが「あなたがたのうちのひとりが、私を裏切ろうとしている」と言った瞬間、一緒に食事をしていた12人の弟子たちが動揺している様子が描かれている。裏切り者のユダは、イエスを引き渡す代わりに受け取った銀貨の入った袋を握り締めている。イエスに向かって左隣の３人目がユダである。（アマナイメージズ）

取り戻した絵をもとにCGで再現してみると、メインディッシュが過越しの祭に食べる子羊ではなく、レモンを添えた白身魚であったことがわかりました。ダ・ヴィンチは、過越しの祭の常識を破り、当時の修道院の食事内容を絵に描いたと考えられています。

ユダはその後、自分のしたことを後悔《こうかい》し、返すに返せなくなった銀貨をエルサレムの神殿に投げ込み、首をつって自殺しました。

キリスト教は、最後の晩餐の翌日に十字架の刑に処せられたイエスが、自身の言葉通りに三日後に復活を遂げたときから始まります。

キリストは姓？　イエスは名前？

「キリスト教の創始者は？」と聞かれたら、皆《みな》さんは何と答えますか。

イエス・キリスト

と答える方がきっと多いことでしょう。もちろん、正解です。キリスト教はイエス・キリストの教えを信じる宗教です。

では、イエス・キリストとは、名前がイエスで、姓がキリスト、ということなのでしょうか。

紀元前四年頃、マリアは、神の子をお腹《なか》に宿します。それを知らせたのが、大天使ガブリエルです。受胎《じゅたい》告知として知られていますよね。ガブリエルは、イスラム教のムハンマドに神の啓示《けいじ》を告げた天使と同じです。マリアはガブリエルに言われた通り、生まれてきた男の子にイエスと名づけました（『新約聖書』「ルカによる福音書」による）。

実はこのイエスという名は、当時の男の子につけられた、ごくありふれた名前です。日本的に言えば「太郎」に当たります。

では、キリストというのは、姓《せい》でしょうか。

キリストは、ギリシャ語で「救世主」という意味です。つまり、イエス・キリストとは、「救世主イエス」という意味です。救世主は、ユダヤ人の言葉であるヘブライ語で「メシア」と表現されることもあります。

イエスは、成長とともに次第に自分が救世主であることを自覚していきます。そして三〇歳の頃、ヨルダン川で洗礼を受け、布教活動を始めます。重い病気の人を癒《いや》したり、五つのパンと二匹の魚を五〇〇〇人の男に分け与えて空腹を満たすなど、数々の奇跡《きせき》を起こしながら教えを広めていく一方、ユダヤ教徒でありながら、ユダヤ教とは異なる教えを説いていきました。

例えば、ユダヤ教では、「目には目を、歯には歯を」「隣人《りんじん》を愛し、敵を憎《にく》め」と教えていますが、イエスは「誰《だれ》かがあなたの右の頬《ほお》を打つなら、左の頬をも向けなさい」「敵を愛し、自分を迫害するもののために祈《いの》りなさい」と説いています。唯《ゆい》一《いつ》神（ヤハウェ）との契約《けいやく》を守るユダヤ人だけが救われるという排他《はいた》的な考え（選民思想）や、極端《きょくたん》に宗教儀礼などの形式を重んじる律法主義をユダヤ教がとったため、これを批判したのです。

イエスの教えは、「神の前ではすべての人が平等である」こと、「神を信じるすべての人が救われる」というもの。イエスを信じる人が増えていく一方、イエスの教えはユダヤ人の反感を買い、十字架の刑に処せられたのです。イエスが三三歳頃のことでした。

十字架の刑（磔刑《たっけい》）は、当時の死刑方法

イエスの生きた時代は、古代ローマ帝国が地中海全域を治めていた時代です。カエサルの養子であるオクタウィアヌスが帝政を始め、「パクス＝ローマーナ」（ローマの平和）と言われたように、最も安定した時期でした。

イエスの処刑を最終的に決めたのは、この地域を支配していたローマ総督《そうとく》のポンテオ・ピラトです。『新約聖書』によれば、人々がイエスを捕らえ、ローマへの反逆を企《くわだ》てているといって引き渡したのは、ユダヤ教徒たちの妬《ねた》みのためからだとわかっていたので、ピラトは処刑には消極的でした。しかし、処刑しないとかえって騒動《そうどう》に発展しそうな群衆の様子を見て「この血について、私には責任がない。お前たちの問題だ」と言いながら、イエスの処刑を決めたのです。群衆も「その血の責任は我々とその子孫にある」と答えたやりとりを、ご存じの方もいらっしゃるでし

ょう（マタイによる福音書第二七章二四～二六節）。

十字架の刑は、磔刑《たっけい》＝はりつけの刑です。この公開処刑の方法は、イエスだけの特別なものではなく、当時の一般的な死刑の方法でした。実際、イエスが処刑されたとき、強盗をはたらいた別の二人も一緒に磔刑に処せられていて、絵画などにはイエスの両側に二人の姿が描かれたものも多くあります。

イエスが十字架にはりつけられた頭の部分には、「ＩＮＲＩ」という文字が書かれています。これは、イエスの罪状書きのラテン語の文を略したもので、「ユダヤ人の王、ナザレのイエス」（Iesus Nazarenus, Rex Iudaeorum）という意味を示しています。イエスは自分が「ユダヤ人の王」などと言ってもいないのに、イエスを処刑したいと考えた人々が罪をねつ造したのです。

イエスが処刑されたのは、エルサレムにある、ヘブライ語でゴルゴタ（頭蓋《ずがい》骨）の丘という所です。聖書には「されこうべ（ドクロ）の場所」と書いてあります。この場所に建てられたのが、聖墳墓《ふんぼ》教会。キリスト教徒にとって最も大切な聖地です。教会の入口には、十字架から降ろされたイエスが寝かされたとされる板が置いてあります。私がここを訪問したときには、世界各地から訪れた信者たちが、この板の前で跪《ひざまず》き、板に頬を摺《す》り寄せながら涙している姿に接しました。信仰とはこういうものだということを目の当たりにした出来事でした。

イエスの墓とされる場所は、教会を入って左手にあり、聖堂の中にさらにお堂を建てたような格好になっています。ここでお祈りをした後に「イエスの亡骸《なきがら》はここにあるのですか?」と私が現地の通訳の方に質問すると「ありません、イエスは復活したのですから」と言われてしまいました。それはそうですよね。

イエスが十字架の刑を言い渡され、十字架を担《かつ》いでこの地まで歩いたとされる道のりは、ヴィア・ドロローサ(悲しみの道)と呼ばれています。この道も、聖墳墓教会も、すべては現在のエルサレム旧市街にあります。エルサレム旧市街の面積はおよそ一キロ四方。東京ディズニーランドのほぼ倍くらいの広さの中に、キリスト教の聖地と、ユダヤ教の聖地、イスラム教の聖地があります。だからこそ、この地をめぐる争いで戦禍《せんか》が絶えず、今日まで続く火種となっているのです。

エルサレムの聖墳墓教会で、イエスが十字架から降ろされた後、横たえられたとされる板に顔をすり寄せ涙する信者。

『旧約聖書』と『新約聖書』の違い

キリスト教の聖典は『旧約聖書』と『新約聖書』です。

『旧約聖書』はもともとユダヤ教の聖典で、ヘブライ語で書かれました。最初の五章は『モーセ五書』といいます。これが、ユダヤ教を信じる人たちにとって、特に大切な『律法』に当たる部分です。現在も彼らは、この律法を守って生活をしています。

『旧約聖書』という言い方は、キリスト教にとっての言い方であって、ユダヤ教の人にとっては、ユダヤ教の『聖書』です。

なぜ、「旧約」＝古い約束という言い方

をするのでしょうか。それは、キリスト教には「新約」＝新しい約束があるからです。それが『新約聖書』です。

『新約聖書』は、二～四世紀頃に成立したと言われています。こちらはギリシャ語で書かれました。特に最初の四章を「福音書」（よい知らせという意味）と言います。マタイ、マルコ、ルカ、ヨハネという四人の記者（福音書家）が、イエスの生涯《しょうがい》やその言葉・行いなどを記録したものです。ですから、四つの福音書は、内容的に重複《ちょうふく》している部分も多くあります。

そして『新約聖書』には、神の愛によって、ユダヤ人以外の者（異邦人）も救われることや、隣人愛といったことが示されています。例えば「神の前ではすべての人が平等である」、「過《あやま》ちを犯《おか》した者でも神の存在を信じ、悔《く》い改めれば救われる」と明記されています。律法という形式や宗教儀礼を極端に重んじ、ユダヤ人以外を認めようとしないユダヤ教の教えを修正・批判したイエスの象徴《しょうちょう》的な教えと言えるでしょう。

ただ、キリスト教も、ユダヤ教やイスラム教と同様に、唯一の神の存在を信じています。また、ユダヤ教の聖書も『旧約聖書』として大切にしています。イスラム教が「啓典《けいてん》の民《たみ》」というように、お互いにきょうだいのような関係にあるのです。

ローマ法王（教皇）はキリストの弟子ペテロの後継者

キリスト教は、イエスの復活を信じる人たちの間に、イエスこそが救世主＝キリストである、という信仰が広がるところから始まります。そして、弟子（使徒）たちによって、イエスの言行（福音）を伝える宣教活動が行われるようになりました。

弟子の中でも二大使徒と言われて名高いのが、ペテロとパウロでした。名前だけは聞いたことがある、という人も多いのではないでしょうか。

ペテロは、イエスが育ったガリラヤ地方（現在のイスラエル北部）の漁師で、最初にイエスをメシア＝救世主と認め、一番弟子となりました。ペテロの本名はシモンでしたが、イエスは彼を教会の礎石《そせき》とする意味で「岩」というあだ名をつけました。「岩」をギリシャ語でいうとペテロになります。イエスが十字架の刑に処せられたとき、ペテロはイエスとの関わりを否定して他の弟子たちと一緒に逃走します。その後、ペテロはこれを恥《は》じ、イエスの死後に、その復活の第一証人として、弟子たちを統率しながら布教活動に専念します。当時は古代ローマ帝国がこの地域を統治していましたが、暴君と呼ばれたネロ皇帝の迫害にあい、ローマで殉教《じゅんきょう》したと言われています。

このペテロの墓の上に建てられたのが、現在のバチカン市国にあるサン・ピエトロ（聖ペテロという意味）寺院です。ペテロはイエスから「天国の鍵《かぎ》」を託されたとされ、のちに初代ローマ法王（教皇）と位置づけられました。歴代のローマ法王はみな、ペテロの後継者なのです。

最も重要な弟子パウロの役割

一方、パウロの出身地は現在のトルコのあたりでした。ローマ市民権（選挙権や行政官になれる権利、また、裁判を上告できる権利などの特権が認められていました）をもっていたことを誇《ほこ》りに思い、ギリシャ哲学《てつがく》や文学などの豊かな教養も身につけていたパウロは、律法を重んずる保守派の熱心なユダヤ教徒で、最初のうちはキリスト教徒を弾圧していました。しかしある日、イエスの声を聞いて回心したとされ、洗礼を受けて熱心な伝道者になりました。特にユダヤ人以外の人たち＝異邦人への伝道を重視したパウロは、「イエスの十字架上の死は人類の罪をあがなうものであり、律法をもたない非ユダヤ人（異邦人）も、イエスがキリスト（救世主）であることと、その教えを信じることによって救われる」と説きました。パウロのこの主張、すなわち、「人は律法ではなく、信仰によってのみ義とされる（救済される）」（信仰義認説）という考えは、のちに宗教改革を行うルターに大きな影響を与えました。

パウロがイエスの弟子となったのはイエスの死後ですが、最も重要な使徒とされています。キリスト教の布教活動をするようになったパウロは、のちにユダヤ教徒に憎まれるようになり、投獄《とうごく》され、ローマに送られたそうです。その後の消息は定かではなく、ペテロとともにネロ帝に弾圧され、殉教したとも言われています。

社会的弱者の間に広まった

パウロの布教によって、ローマ帝国各地にもキリスト教は広がっていきました。信者の団体である教会も、小アジア（現在のトルコ付近）、シリア、ギリシャ、首都ローマなどにつくられるようになりました。信者の多くは、奴隷《どれい》や女性や下層市民などの社会的弱者で、やがて上層市民の間にも信者があらわれるようになり、帝国全土に広がっていったのです。

しかしその一方で、キリスト教は激しい迫害にあいます。なぜでしょうか。当時のローマは多神教で、支配者である皇帝も神のひとりとされていました。そのため、皇帝を崇拝する儀礼も行われていました。そのような社会で、唯一絶対の神を信じるキリスト教徒は、皇帝を礼拝することを拒み、国の行う祭儀に参加しなかったのです。次第に信者たちは反社会的集団とみなされるようになり、ネロ帝（六四年）やディオクレチアヌス帝（三〇三年）の時代には、国家や民衆によって激しく迫害・弾圧を受けました。

それでもなお、キリスト教は帝国内で拡大を続けました。もはや、禁止をすれば帝国の統一が危うくなることは必至です。結局、コンスタンチヌス帝がミラノ勅令《ちょくれい》を出し、キリスト教を公認します（三一三年）。キリスト教は皇帝の保護を受けて勢力を伸ばし、国教化されていきました。

国教化というと、キリスト教徒にとってはいいことでしょう。ただ、その一方で、ほかの宗教は禁止されました。さらに、キリスト教が国家権力と結びついていくことにもなり、指導者として司教・司祭などの聖職者身分が成立し、教会が組織化されることになります。その結果、政治に宗教が影響を及ぼしていくことにつながっていったのです。

イエスは神か、人間か

コンスタンチヌス帝がキリスト教を公認すると、教義をめぐって根本的な問題が浮上しました。

イエスは神なのか、人間なのか。

以前からこの論争はありましたが、ローマ帝国がキリスト教を保護するようになったため、議論が活発化したのです。

イエスは、マリアが聖霊《せいれい》によって身ごもった子です。聖霊とは、端《たん》的に言えば、「人間の目には見えない神の力」。「父なる神」「子なるイエス」という表現をしますが、神の子イエスも「神」だとすると、神が二人（神の数え方として二人は適切ではないかもしれませんが）いることになってしまいます。

そこでコンスタンチヌス帝が開いたのが、ニケーア公会議（三二五年）です。会議での議論は大きく二つに分かれました。

イエスは神とは別の存在で、人間としての性を強くもつというアリウス派。

イエスは神ではないが、神としての性を強く認め、父なる神、子なるイエス、聖霊の三つの存在は同質なもので分けて考えることができない、とするアタナシウス派。

両派とも、教義を主張した聖職者の名前がつけられていますが、アタナシウス派の考えは特に「三位一体説《さんみいったいせつ》」と呼ばれるものです。

結局、アタナシウス派が正統とされ、アリウス派は異端として迫害、追放されることになりました。アリウス派は、この後ローマ帝国を脅《おびや》かすゲルマン人などの間に広まっていきました。

アタナシウス派の三位一体説は、ローマ・カトリック教会やギリシャ正教会（東方正教会）、プロテスタント教会など、現在もキリスト教主流派教会の根本教義とされています。

ローマ帝国の東西分裂とギリシャ正教

この頃になると、キリスト教以外にもローマ帝国の存続を危うくする問題が表面化していました。広大な帝国の政治的秩序《ちつじょ》を維持《いじ》することが困難になり、各地で内乱なども起こるようになりました。さらに北からはゲルマン人が、東からはササン朝ペルシアなどの異民族が侵入《しんにゅう》するようになり、軍事力の増強をはかるために都市では重税が課せられ、特に帝国の西の方では、経済の衰退が始まります。

コンスタンチヌス帝は、税収を確保するために小作人を土地に縛《しば》りつけ、下層民の身分や職業を固定化・世襲《せしゅう》化しました。そして都をローマから帝国東部のビザンチウムに遷《うつ》し、自身の名を冠してコンスタンチノープルと改称しました（現在のイスタンブール）。東部は、比較的経済状況が良好だったのと、ササン朝への対応も考慮《こうりょ》しての遷都《せんと》でした。ここで皇帝は官吏《かんり》を使って支配をする強力な官僚《かんりょう》体制を作り上げ、人々も役人になって出世を望むようになりました。ローマ帝国は、完全に階層社会となったのです。

こうした改革にもかかわらず、重税に対する反乱が続いたうえ、ゲルマン人の大移動（四世紀後半～）も始まり、ローマ帝国内は混乱が続きました。もはや分裂《ぶんれつ》は避《さ》けられず、次に皇帝に立ったテオドシウス帝は、帝国を東西に分割して二人の息子に分け与えました。コンスタンチノープルを首都とする東ローマ帝国（ビザンツ帝国）と、ローマを首都とする西ローマ帝国です。東ローマ帝国はオスマン帝国に滅《ほろ》ぼされる一四五三年まで続きましたが、西ローマ帝国はゲルマン人の侵入が原因で四七六年に滅亡《めつぼう》しました。西ローマ帝国が滅びたのち、東ローマ帝国は首都の旧名にちなんで、ビザンツ帝国と呼ばれるようになります。

この東西ローマの分裂によって、教会組織も二分され、それぞれの教えに少しずつ違いが生じていきました。そして、一〇五四年、東西教会に分裂します。西はローマ・カトリック教会、東はギリシャ正教会（東方正教会）となり、それぞれが独自に発展していきます。

十字軍とはどういう活動だったのか

今なお続く、キリスト教とイスラム教の対立を象徴的にあらわす言葉、それが「十字軍」です。二〇〇一年九月一一日、アメリカで起きた同時多発テロについて、当時のブッシュ大統領は「新しい十字軍の戦いだ」と発言しました。しかし、この十字軍という発言に対して、イスラム世界は猛《もう》反発します。あまりに歴史を知らない、思いやりのない発言だったからです。

聖墳墓教会の壁に刻まれた十字のあと。十字軍の落書きとされる。

それでは、十字軍（一〇九六～一二七〇年）とはいったいどういう出来事だったのでしょう。

世界史の教科書では、「聖地エルサレムをイスラム勢力の支配から奪回《だっかい》する目的で結成された、キリスト教徒の軍隊」といった内容でしょう。十字軍の遠征回数は全部で七回（八回説もあります）であるとか、第一回と第五回を除いては、聖地奪回に失敗したとか、そういうことだけを暗記して終わってしまったのではないでしょうか。ここではもう少し具体的に当時の姿を見てみましょう。

この頃（一一世紀）、イスラム勢力は中

央アジアから中東、小アジアにかけてと、現在のエジプトやモロッコ、イベリア半島の半分の地域を占めていました。ビザンツ帝国（ギリシャ正教会）も小アジアに進出してきたイスラム勢力に苦しめられていたため、皇帝がカトリック教会のトップであるローマ教皇を通して、西ヨーロッパ諸国に助けを求めてきたのです。聖地エルサレムもイスラム勢力下にありました。

折しもローマ教皇は、聖職叙任《じょにん》権闘争《とうそう》の渦中にありました。聖職者を任命する権利（叙任権）をめぐって、ドイツ皇帝と争っていたのです。カノッサの屈辱《くつじょく》（ローマ教皇に破門されたドイツ皇帝が、雪の中、北イタリアのカノッサ城で許しを請《こ》い、許された事件）といえば、思い出す人もいますよね。こうした状況は、分裂したギリシャ正教会をカトリック教会に再び統合し、皇帝に対して優位に立つことを考えていたローマ教皇にとって絶好の機会だったのです。

初期の十字軍の掠奪ぶり

最初に十字軍の呼びかけを行ったのは、ローマ教皇ウルバヌス二世でした。教皇は、フランス中部のクレルモンで宗教会議を招集し、聖地エルサレム奪還《だっかん》の聖戦を宣言。十字軍の遠征に参加すれば、「贖宥《しょくゆう》」（罪をゆるされる）が与えられると説いてメンバーを募りました。そして、フランスの諸侯や騎士を中心に四軍団が結成され、第一回十字軍（一〇九六〜九九年）が出発しました。その数は、一緒に参加した巡礼者も含めると一〇万人に達したと言われています。

第一回十字軍では、聖地エルサレムの奪還に成功します。しかし、それだけでは飽《あ》き足らなかったのか、十字軍のメンバーたちは、イスラム教徒とユダヤ教徒を皆殺しにしたのです。

「住民は、一週間にわたって市街地を掠奪してまわるフランク人（引用者注：フランス人）によって斬り殺された……エル・アクサ寺院（引用者注：モスク）では七万人以上の人々が殺され、その中には多数のイスラム教徒やイスラム学者がいた……またフランク人は〝岩のドーム〟を空にするほど莫大な戦利品を持ち去った……」（橋口倫介『十字軍』岩波新書より）

その大虐殺《ぎゃくさつ》ぶりは、「血の池の中を脛までつかりながら歩く」「婦人も子どもも、誰一人生きのびることはできなかった」ほどで、ユダヤ教徒たちも、彼らの聖地である『嘆きの壁』のかたわらに無残な焼死体をさらす悲運にみまわれた」といいます（同書）。

十字軍の遠征前、イスラム勢力下にあったエルサレムでは、キリスト教徒たちの巡礼も受け入れられ、聖墳墓教会が破壊されることもなく礼拝の自由が許され、ユダヤ人たちも保護されていました。同じ唯一の神を信じる「啓典の民」だからです。それが、こんな凄惨《せいさん》な事態になるとは、イスラム勢力も、ユダヤ人も、思ってもみなかったのではないでしょうか。

十字軍によって聖地が奪還された後、すぐにまた、イスラム勢力が巻き返しをはかってきたため、第二回の遠征（一一四七〜四八年）が行われました。しかし、シリアのダマスカスで攻撃に失敗。フランス王とドイツ皇帝の内部対立もあって帰国します。

第三回十字軍（一一八九〜九二年）では、第1章でお話しした通り、クルド人の

十字軍が始まった頃のヨーロッパ

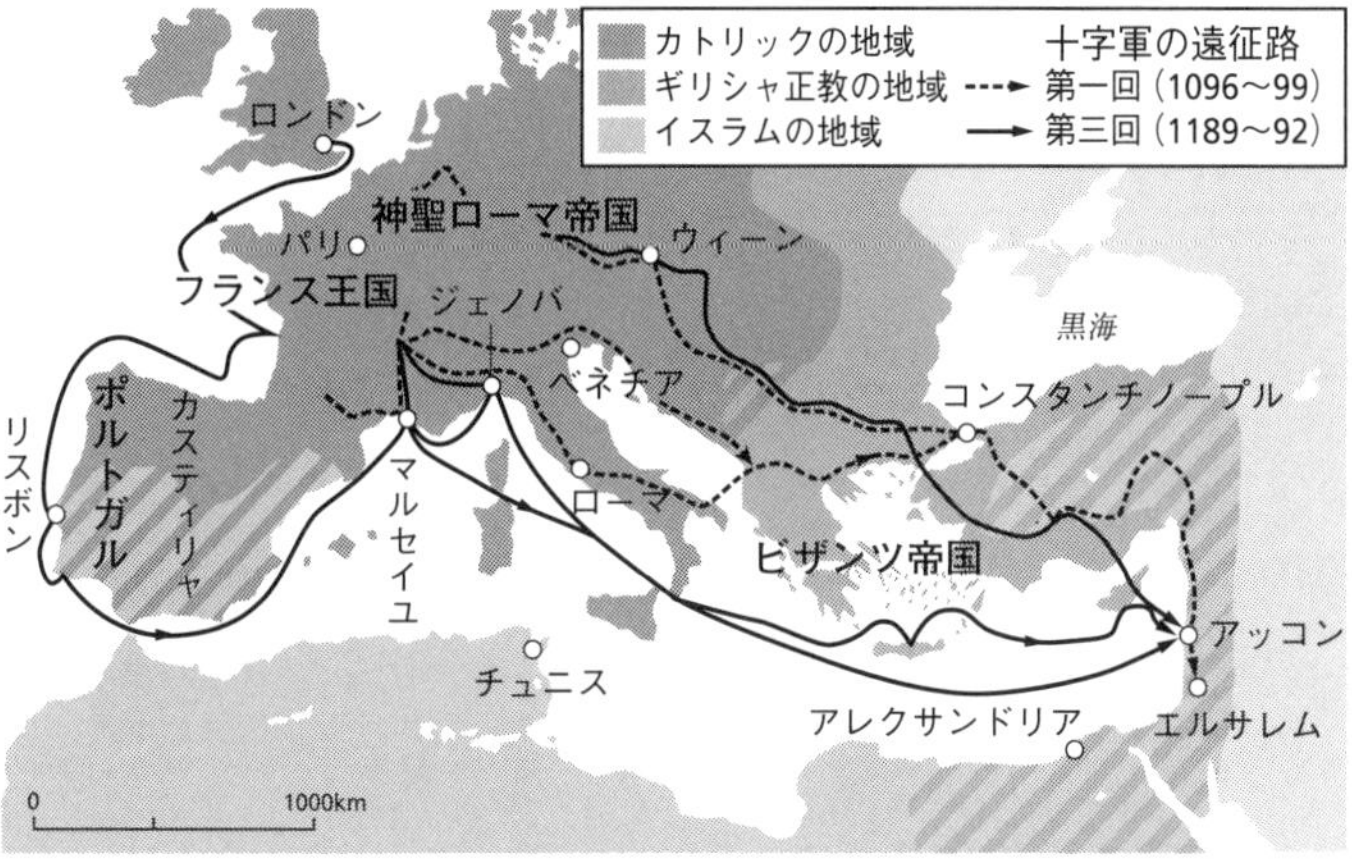

十字軍が始まった11世紀の頃、中央アジアから中東、小アジアにかけてと、現在のエジプトやモロッコ、イベリア半島の半分の地域をイスラム勢力が占め、聖地エルサレムもイスラム勢力下にあった。

※「世界の歴史 世界史A」（山川出版社）をもとに作成

サラディンが武力でエルサレムを奪還しました。しかし、その対処の方法は、第一回であれだけの大量虐殺が行われたにもかかわらず、十字軍と休戦条約を結び、キリスト教徒の聖地巡礼を許すという、イスラム教の教えに則《のっと》った寛容な姿勢を見せたのです。

こうした歴史を振り返ってみると、アメリカのブッシュ大統領の「新しい十字軍の戦いだ」という発言が、いかにイスラム教徒たちの感情を逆《さか》なでしたか、ということがわかってきます。多くのイスラム教徒たちは、テロ行為を続ける過激派組織の行動を歓迎していませんし、過去の十字軍の活動についても、よい感情をもち合わせてはいないのです。

十字軍の失敗がもたらしたもの

第四回以降の十字軍は、宗教的な目的意識が薄《うす》れて、参加者の動機が複雑に絡《から》み合ったものとなっていきました。

第四回（一二〇二～〇四年）では、海上からの十字軍輸送を引き受けたベネチア商人が主導権を握《にぎ》ったため、途中から聖地回復の目的を捨てて、彼らの商業圏拡大のために最大の商業上のライバルであるコンスタンチノープルを占領するという事態となりました。

また、その直後、神のお告げを聞いたという熱狂的な少年たち（数千人とも数万人ともいわれる）が中心となって組織した少年十字軍による聖地遠征もありました。この少年十字軍は、散発的に発生したといい、子どもだけではなく、大人の貧民も加わって聖地を目指しました。しかし、例えばフランス南部から地中海を行く海路を選んだグループは、嵐にみまわれて船が難破したり、軍隊に売られて兵士となったり、中には奴隷として売買された子たちもいて、悲劇的な結末となりました。

第五回（一二一七～二一年）では一時的に聖地を回復したものの、再びイスラム勢力にエルサレムを占領されたため、フランス王ルイ九世の主導でまた十字軍が組織されました。第六回（一二四八～四九年）では海路でエジプトから、第七回（一二七〇年）ではチュニスから攻撃しましたが、敗退。チュニスでは疫病《えきびょう》が流行し、王自身も命を奪われるという結末でした。

このように十字軍自体は失敗に終わりましたが、その後のヨーロッパ世界に大きな影響を与えました。

まず、その失敗によって教皇の権威《けんい》は失墜《しっつい》し、逆に遠征《えんせい》を指揮した国王の権威は高まります。

また、十字軍を運んでいくことに協力をしたベネチアなどのイタリア諸都市は繁《はん》栄《えい》し、地中海の東西の貿易が再び盛んになり始めました。商業活動では、キリスト教、イスラム教に関係なく、人と物との交流が活発になり、文明が栄えていた東方のビザンツ帝国やイスラム圏から、西ヨーロッパに文物が流入して、西ヨーロッパの人たちの知識や視野が広がっていったのです。

大航海に同行する宣教師たち

広い意味でいえば、イベリア半島にあったイスラム勢力を駆逐《くちく》したレコンキスタ（国土回復運動）も、ある種の十字軍である、ということは、第1章でお話ししました。

レコンキスタが終わると、スペイン女王のイサベルは、ただちにコロンブスをインドに向けて派遣《はけん》しました（一四九二年）。金やアジアの香辛料《こうしん》などを、イスラム商人を通さずに直接取引したかったからです。ここではキリスト教（カトリック）の布教活動について見てみましょう。

ヨーロッパ諸国のアジア航路の開拓は、商業活動だけでなく、キリスト教の布教もその目的のひとつでした。世界各地の人々をキリスト教に教化して、植民地を拡《ひろ》げようと考えたのです。その中心となったのが、イベリア半島のスペインとポルトガル。航海には、宣教師も一緒についていきました。

この時代の宣教師の代表といえば、皆さんご存じのフランシスコ＝ザビエルです。スペイン人のザビエルは、仲間とともに海外布教を目指すイエズス会を創立し、ローマ教皇の認可を得ました。そして、ポルトガル国王（ジョアン三世）の依頼《いらい》で、当時ポルトガル領だったインドのゴアを目指してリスボンから出航します。中国、日本など、アジアへの布教活動を開始したのです。

ザビエルが日本にキリスト教を伝えたのは、織田信長の時代（一五四九年）です。鹿児島に上陸し、九州を中心に布教活動を行いました。その後、布教先の中国の広州で病没し、現在はインドのゴアにある教会に、ミイラになったザビエルの遺体が安置されています。

当時の宣教師は、植民地となる場所を探す目的から、訪問した国や地域を視察した情報を本国に報告するというスパイ活動の任務も担《にな》っていました。ザビエルも、東アジアに活動の拠点を置くなら長崎が最適だ、といった報告内容の書簡を書き残しています。現在でも、世界各国の情報を一番集めているのは、バチカン市国だと言われています。

こうして、キリスト教の布教とポルトガルとスペインの植民地支配は、同時に広がっていきました。南米にキリスト教徒が多いのは、植民地支配の歴史から来ているのです。

宗教改革によってプロテスタントが生まれる

イタリアのローマ市内にある、バチカン市国。四世紀にイエスの二大使徒のうちのひとりであるペテロのお墓の上に、大聖堂（サン・ピエトロ寺院）が建立されます。その後、一六世紀に、教皇ユリウス二世、レオ一〇世の命により、ブラマンテやラファエロ、ミケランジェロなどが設計に参加して建てられたのが現在の大聖堂です。この設計メンバーなら、あれだけ壮麗な建物が実現したのも頷《うなず》けますよね。

この大聖堂新築費用のために、レオ一〇世が販売したのが贖宥状《しょくゆうじょう》（免罪符）でした。お金を払えば過去に犯した罪もゆるされる、と宣伝して得た利益を費用に充てたのです。実際にバチカンに行き、六万人を収容できるという壮大な大聖堂の前にたたずみ、システィーナ礼拝堂の「天地創造」「最後の審判」（ミケランジェロ作）などの芸術作品を間近に見たりすると、その素晴らしさに圧倒されます。しかしそれが、贖宥状の売上によるものかと思うと、複雑な気持ちにもなるのです。

こうしたカトリック教会の腐敗《ふはい》を批判したのが、ドイツの宗教改革者マルティン・ルターでした。ルターは、魂《たましい》の救いは善行（＝贖宥状を買うこと）とは無関係で、イエス・キリストの福音を信じることでのみ、罪がゆるされて天国に行けると主張し、教皇から破門されました。しかし、それでも自説を撤回《てっかい》するようなことはありませんでした。聖書中心主義をとるルターは、それまで一般の人には読めないギリシャ語（共通語コイネー）で書かれていた『新約聖書』のドイツ語訳を完成させ、一般の人たちも直接聖書の教えに接することができるようになりました。「人は信仰によってのみ義とされる」というルターの信仰の主張は、使徒パウロの教えから来ているものです。

ルターのドイツ語訳聖書が普及したのは、ルネサンス期の三大発明のひとつ、活版印刷術のおかげです。印刷術自体は中国が起源ですが、ドイツのグーテンベルクが一五世紀半ばに、その実用化に成功しました。安価な印刷物が作れるようになったことが、宗教改革を推進させる原動力となります。

ルターの宗教改革は、プロテスタント（抗議する者の意）という新たな宗派を生み出すことになりました。ちなみに、カトリックとは「普遍的」という意味で、人種や性別、国籍などに関係なく、すべての人々に神の愛を与えるという意味をもっています。また、カトリックを旧教徒、プロテスタントを新教徒と言うこともあります。

ルターの宗教改革によって生まれたプロテスタントは聖書の解釈の仕方や教会の組織のあり方によって、いくつかの宗派に分かれました。その中でもフランス人のカルヴァンがスイスのジュネーブを中心に行った宗教改革は、カルヴァン派と呼ばれました。彼は、魂の救い（罪がゆるされて天国に行ける）は、人間の意志や善行とは無関係で、あらかじめ神によって決められているという「予定説」を唱えました。そして自分の仕事を、神から与えられた天職だと思って励《はげ》めば、自分が救いの対象となっていることが確信できる、と主張したのです。カトリックでは、利益をあげて富を蓄積《ちくせき》することを否定しましたが、カルヴァンは蓄財《ちくざい》を認めたので、その教えは商工業者の間に広がり、資本主義の形成に大きな影響を与えました。

カトリックとプロテスタントの違い

皆さんはキリスト教の教会に行ったことはありますか？　教会とひとくちに言っても、カトリックとプロテスタントの教会では、いくつか大きな違いがあります。まず、教会にあるものです。カトリックではマリア像や磔刑のイエス像などが置いてありますが、プロテスタントの教会にはありません。プロテスタントの教会にあるのは、聖書だけです。また、教会の建物には十字架《じゅうじか》がシンボルとして掲《かか》げられていると思いがちですが、プロテスタントの教会には十字架がないところもあります。

宗教改革とプロテスタントの普及には、前述したように、ルネサンスの活版印刷術が大きな助けとなりましたが、印刷技術もなく、読み書きができるのはごく限られた人だった時代に、カトリックの布教活動の助けとなったのが、マリアやイエスの像でした。キリストの福音を伝えるときに、具体的な人物の像を見せながら話すと民衆には話が伝わりやすかったのです。ちなみに、ギリシャ正教会では、二次元

（平面）のイコン（聖像画）が崇拝《すうはい》の対象とされています。礼拝堂に椅子がなく、立って礼拝をするのもギリシャ正教会の特色です。

また、カトリック（ギリシャ正教会も）の聖職者は、神父といいます。神と人間を仲介《ちゅうかい》する父のような存在なので、こう呼ばれます。神父は独身の男性で、結婚は禁止されています。

一方、プロテスタントでは、迷える子羊を導く牧者のような存在であることから「牧師」と呼ばれます。牧師は結婚することが許されています。

カトリックの組織は、ローマ教皇を頂点にピラミッド型になっていますが、プロテスタントには教皇のような存在や上下関係はありません。ギリシャ正教会も、ローマ教皇のような存在はなく、ロシア、セルビア、グルジア（ジョージア）など、正教会を置く各国に総主教という指導者がいます。総主教は結婚できませんが、神父以下の指導者は結婚できます。

イギリス国教会は国王の離婚願望から生まれた

ルターやカルヴァンの宗教改革が行われたのと同じ頃、イギリスでも宗教改革が始まりました。その理由が、国王ヘンリー八世の離婚《りこん》問題だったというのですから驚《おどろ》きです。

ヘンリー八世は、六人の妻をもったイギリス王でした。最初の妻キャサリンとの間に男子の跡継《あとつ》ぎが生まれなかった一方、侍女のアン・ブーリンに魅了されたため、キャサリンとの離婚をローマ教皇に申請しましたが、受けつけてもらえませんでした。カトリックでは離婚は禁止されていたからです。

ヘンリー八世は、教皇の反対を押し切ってキャサリンと離婚し、すでに妊娠《にんしん》していたアン・ブーリンと結婚《けっこん》します。そして、イギリス国王を頂点とするイギリス国教会を誕生させました。アン・ブーリンとの間に生まれた娘が、のちのエリザベス一世です。しかし、アン・ブーリンとの間にも男の子ができなかったので、ヘンリー八世は彼女に姦通罪の汚名を着せて処刑し、その一一日後には次の結婚をします。

そして、そのようなふるまいを繰《く》り返して、生涯で六人の妻をめとりました。

イギリス国教会は、教会のトップが教皇から国王に変わっただけで、儀式面ではカトリックを、教義の面ではプロテスタントを取り入れた、折衷《せっちゅう》式の宗派でした。このイギリスの宗教改革は、国王に権力が集中するきっかけとなりました。

このようにキリスト教と言っても、さまざまな教派があり、それらが生まれる歴史的状況があります。そして多くの信徒を抱え、多数の教派が生まれるには、その背景があり、それが現在世界で起こっていることにも当然深く結びついているのです。

ニュースの背後にキリスト教あり

池上彰

「十字軍」にされた日本

二〇一五年一月、日本人二人を人質《ひとじち》にとった「イスラム国」は、安倍首相が「イスラム国」と戦っている国に対する人道支援として一億ドルを拠出すると明らかにしたことに対して、「日本の首相へ。お前はイスラム国から八五〇〇キロ離れているにもかかわらず、自発的に十字軍に参加した」と非難しました。

イスラム過激派は、自分たちに対抗する欧米諸国やその国の人たちに対して、「十字軍」という非難の言葉を発します。「イスラム国」は、欧米諸国だけでなく、日本までも「十字軍」にしてしまったのです。

十字軍という言葉が、中東イスラム世界では、いかに忌《い》み嫌《きら》われているか、これまでのキリスト教の歴史を辿《たど》ってきたことでわかることでしょう。キリスト教の歴史を知らないと、国際ニュースも十分に理解できないのです。

キリスト教の思想が大きなニュースになることもあります。最近のアメリカです。

「宗教の自由」をめぐりアメリカで騒動

ことの発端は、アメリカ中西部にあるインディアナ州の法律です。

アメリカの五〇州は、それぞれの議会で、独自の法律を成立させることができます。州議会が多数決で成立させ、知事がサインすることで発効します。ただし、その法律が効力をもつのは、その州内だけ。全米で通用する法律は、連邦議会だけが成立させることができ、この場合は大統領がサインして初めて発効します。

インディアナ州で二〇一五年三月に成立した法律は「信仰の自由回復法」といいます。「州政府や自治体は、必要不可欠な理由がない限り、個人の信仰の自由に対して負担をかけてはならない」というものです。

個人の信仰の自由は守らなければならない。当然のことに思えます。ところが、この法律が、思わぬ反対運動を引き起こします。同性愛者への差別につながりかねない、というのです。どういうことでしょうか。

例えば、アパート経営者のもとに「部屋を貸してほしい」とやってきた男性二人のカップル（あるいは女性二人のカップル）を見て、あなたはどう思うでしょうか。敬虔《けいけん》なキリスト教徒は、同性愛を神の教えに反すると考えます。

そもそも神様は、アダムとイブをおつくりになったからです。男と女が愛し合うこと。これが、神様が定めた世の摂理《せつり》です。神様の掟《おきて》に従わないとは許しがたい。『旧約聖書』では、同性愛者がいたとされる「ソドム」という町が神によって滅ぼされたと書いてあるではないか。罰当たりな同性愛者などに部屋を貸せるか。

こういう理由で、アパートの経営者が、二人に部屋を貸すことを拒否した場合、さて、どうなるでしょうか。部屋を借りられなかったカップルは、アパート経営者のことを「差別した」として、州政府に訴《うった》えるかもしれません。州政府が、「差別はやめなさい」と言ってきたら、それは、「個人の信仰の自由に対して負担」をかけるものになりうる。「信仰の自由回復法」に違反すると主張して、州政府の申し入れを拒否することができるのです。

州の法律が、このように使える。これが、この法律が物議を醸《かも》した理由です。

そもそも、この法律を制定しようという動きの背景には、アメリカ各地で同性婚を容認する動きが広がっていることへの保守派の危機感があります。インディアナ州でも二〇一四年、同性婚が合法化されています。

同性婚を容認する動きが広がっても、自分は認めたくない。そんな保守派の人たちが、この法律制定に動いたのです。

インディアナ州に続いて、南部のアーカンソー州議会でも、同様の法律が成立しました。さらに他の州でも、似たような法律制定の動きがあります。

こうした法律制定に、同性愛者や人権団体が抗議の声を上げるのは当然でしょうが、企業関係者も相次いで反発したのです。

自身が同性愛者であることをカミングアウトしているアップルのティム・クック最高経営責任者は、首都の新聞「ワシントンポスト」に寄稿して、「正義に反する」と批判しました。

民主党の大統領候補に名乗り出たヒラリー・クリントン元国務長官も、法律制定を批判します。二〇一六年の大統領選挙の争点になりかねない動きになりました。

また、アーカンソー州の動きに対しては、この州に本部を構えるアメリカ最大のスーパーマーケットチェーンのウォルマートが、「個人の自由を尊重するという私たちの基本理念に反するものだ」という声明を出しました。

さらに、全米各地の団体が、インディアナ州でのイベントを中止するなど、反発が拡大。民主党の知事や市長が、職員のインディアナ州出張を禁止するという態度に出ました。

これでは州の経済に悪影響が出ると、慌《あわ》てたインディアナ州とアーカンソー州の議会は、相次いで「法律を理由とした差別は認められない」などという趣旨《しゅし》を盛り込んだ修正案を可決させました。もってまわった方法で同性婚の拡大にブレーキをかけようとした保守派の試みは挫折したのです。

ことあるごとに宗教が顔を出してニュースになる。これがアメリカです。

アメリカ大統領はひとりを除いてプロテスタント

アメリカは、ヨーロッパから移り住んだキリスト教のプロテスタントによって建国されました。それ以降、カトリックの信者も移り住むようになりますが、アメリカ国内では少数派です。代々の大統領は、プロテスタントが就任します。この章の冒頭の対談でも触れましたが、過去の例外は、一九六一年に大統領に就任したジョン・F・ケネディだけ。彼はカトリック教徒でした。

当初は立候補をめぐり、ローマ法王の意向に従う人間が大統領にふさわしいのかという批判が起こりました。アメリカの代表が、法王、つまり他国の人間の指示に従うような事態になったら、問題だろうということです。その批判に対してケネディは、政治と宗教は別だと宣言しました。つまり自分の信仰としてはカトリックだけれど、大統領としての仕事は、何者にも指図されることなく遂行すると宣言したのです。

常に信仰が試される。これがアメリカという国です。

世界に影響力があるローマ法王

アメリカの大統領は、ローマ法王の指図に従うわけにはいかない。とはいえ、ローマ法王の影響を無視するわけにもいきません。重要な局面では、大きな影響力をもつのです。

二〇一四年、アメリカのオバマ大統領は、長らく国交断絶状態だったキューバと国交を回復する方針を打ち出しました。ローマ法王が仲介に入ったことが功を奏したと伝えられます。プロテスタントのオバマ大統領でも、ローマ法王には敬意を払って耳を傾《かたむ》ける。ローマ法王は、世界を動かす存在なのです。

今、私は「ローマ法王」と書きましたが、世界史の教科書では「ローマ教皇」と表記します。それは、なぜか。

日本のカトリック中央協議会によると、「ローマ教皇」が正式な呼び名（日本語訳）だというのです。

これは、一九八一年に当時のヨハネ・パウロ二世の来日を機に、教皇に統一したからです。「法王」だと「王」という文字が入っていますが、「教える」という字の方が、教皇の職務をよく表現しているからだそうです。

ところが、日本のマスコミは「法王」を使い続けています。それは、日本の外務省の方針を受けているからです。

ローマ法王（教皇）はバチカンという国家の元首でもあります。日本とバチカンが外交関係を結んだときの定訳が「ローマ法王庁大使館」だったからです。日本政府に登録した国名は、政変などで実際に国名が変わらない限り、変更できないからだそうです（カトリック中央協議会のホームページより）。そこで各マスコミも、「法王」の名称を使っています。世界史を教えてきた増田さんは「ローマ教皇」という用語が使い慣れているでしょうし、私は「ローマ法王」の方が馴染《なじ》んだ言葉なのです。

現代のローマ法王とはどんな人物たちか

二〇一三年二月、ローマ法王が突然退位を表明して、大騒ぎになりました。退位を表明したベネディクト一六世は、本名がヨーゼフ・アロイス・ラッツィンガー。ドイツ人です。全世界にいる枢機卿《すうききょう》の中から選挙で選ばれた法王は、自分で法王名をつけることができます。ベネディクト一六世は、第一次世界大戦中に平和のために努力した一五世にあやかって名前を選んだといわれます。

法王は終身職ですから、途中で退位することは考えられないはずなのですが、過去には生前退位した法王が何人かいます。奇《く》しくも同じベネディクトの名をもつ九世も、一〇四五年に退位しています。

直近の生前退位は、一四一五年のこと。対立する三つの派閥がそれぞれ選んだ三人が「法王」を名乗る騒動で就任したグレゴリウス一二世が退位して以来です。

ベネディクト一六世の前任者のヨハネ・パウロ二世は、他の宗教との和解を進めるなど、保守的なカトリック教会を緩《ゆる》やかに改革して、信者以外も含めて大変な人気でした。その後継者となると、そもそも受けるプレッシャーは大変なものだったでしょう。そのベネディクト一六世は、若い頃にナチスのヒトラーユーゲント（ヒトラーを支える青年組織）に入っていたことが発覚して物議を醸したこともあります。当時の若者は全員加盟が義務づけられていたに過ぎなかったのですが。

ただ、法王に就任した後は、その発言にイスラム教徒が反発するなど、イスラム世界との摩擦《まさつ》を招いていました。

法王は、ローマ市内にあるバチカン市国の国家元首でもあります。バチカン市国は、政教一致。つまりローマ法王は、立法・行政・司法のいずれでもトップなのです。

カトリックの聖職者は神に仕える身ではありますが、生身の人間のこと、人間臭《くさ》いことも起きます。二〇一二年には法王庁内部の不正に関する内部文書が外部に流出し、法王の執事《しつじ》がローマ法王庁によって逮捕《たいほ》されました。法王庁内部の権力闘争の一環《いっかん》との疑惑も囁《ささや》かれました。

また、独身男性ばかりのカトリック教会では、各地で神父による少年への性的

第266代ローマ法王フランシスコ。本名ホルヘ・マリオ・ベルゴリオ。
（アマナイメージズ）

虐待《ぎゃくたい》事件も発覚し、法王は対応に追われました。こうしたことも、法王を疲労させる原因になったのかもしれません。

法王が退位した結果、後任選びが実施されました。法王の後継者選びといえば、「コンクラーベ」という名称はよく知られていますね。時間がかかって「根比べ」などとジョークになるからです。

これは、もともとラテン語で「鍵がかかった」という意味です。一三世紀、法王がなかなか決まらないことに業《ごう》を煮《に》やした民衆が、法王を選出する枢機卿たちを選挙会場から出られないように外から鍵をかけたという故事から、こう名づけられました。

その結果、新しく法王に選ばれたのは、アルゼンチン出身のホルヘ・マリオ・ベルゴリオ枢機卿でした。

新しく法王に選ばれると、自分で決めた法王の名前を名乗ります。新しく法王に選ばれたベルゴリオ氏は、「フランシスコ」と名乗りました。

これは、中世イタリアの聖人フランシスコの名前を使ったのです。「アッシジのフランシスコ」として知られる聖人の彼は、清貧さで知られ、ノーベル平和賞を受賞したマザー・テレサは、彼の人生を知って修道女を志したほどです。

アメリカ西海岸の都市サンフランシスコも、ここを訪れたスペイン人修道士が「聖（セイント）フランシスコ」から名づけましたから、語源は同じです。

イタリア語では「フランチェスコ」と発音しますから、日本の新聞の第一報はフランチェスコが多かったのですが、日本のカトリック教会が聖フランシスコと呼んだので、それに倣《なら》いました。当初は「フランシスコ一世」と呼んでいましたが、ローマ法王庁が、「二世を名乗る人が出て初めて初代が一世になる。最初の名前だから一世は使わない」という見解を明らかにしたことから、各メディアは「フランシスコ」と呼び始めました。

新法王は、アルゼンチン出身。中南米出身の法王は史上初です。このところヨーロッパではカトリック信者の減少が伝えられ、中南米のカトリック信者が多数を占めるようになりましたから、いずれ誕生するだろうと言われていました。

新法王の父はイタリア移民。なので、息子がイタリアに戻《もど》ったようなものですね。正確には、イタリアの中のバチカンですが。

大学では化学を学びましたが、カトリックのイエズス会に入り、一九六九年に聖職者となりました。

法王の名に聖フランシスコを使うくらいですから、聖フランシスコの清貧さを実践《じっせん》していました。アルゼンチンのカトリックのトップに位置していたにもかかわらず、教会が用意した邸宅は使わず、小さなマンションに暮らし、バスや地下鉄を利用していたといいます。

前のベネディクト一六世は学者肌で生真面目《きまじめ》な分、バチカンは近寄りがたいムードを醸し出していましたが、新法王で大きく変わりそうです。

アルゼンチンの信者たちに対しては、多額の交通費を使ってバチカンに来るよりも、そのお金を貧しい人たちのために使ってほしいと呼びかけました。多数の信者を前にした最初のミサの最後には、「よい日曜日を。ランチを楽しんでね」とつけ加えました。バチカンの雰囲気《ふんいき》を大きく変える法王であることは確かなようです。

バチカン市国ってどんな国？

ローマ法王はバチカン市国の国家元首でもあります。バチカン市国の国土面積は世界最小。イタリアの首都ローマの中に存在する国家です。

イタリアとの間の出入国は自由です。国境線は、ガードレールのような柵《さく》が一部あるだけ。出入国管理はありません。警備はスイス人の衛兵が務めます。彼らの派手な制服は、ミケランジェロのデザインとも言われています。

なぜスイス人の衛兵なのか。スイスはもともとヨーロッパ各地に傭兵《ようへい》を送り出していました。いわば〝輸出産業〟だったのです。

一五〇五年、スイス人の傭兵が採用され、一五二七年、神聖ローマ帝国による侵略を受けた際、多数のスイス人傭兵が犠牲《ぎせい》となりました。それ以降、バチカン市国の警備にスイス人の衛兵はなくてはならない存在になりました。

このバチカン市国の情報収集能力は恐るべきものがあります。この章の冒頭の対談でも話しましたが、カトリックの宣教師たちは、南米やアフリカの奥地にも出向いていいます。彼らは、バチカン市国にあるローマ法王庁に、その土地のさまざまなことを報告しています。ですからバチカンには、世界中から各地の情報が、いち早く集まっています。世界中の情報が集まる。情報が集まるからこそ、世界に大きな影響力をもつ。これがバチカン市国です。

ＥＵにトルコが入れないわけ

キリスト教は、国際政治にも大きな影響力をもっています。例えばＥＵ（欧州連合）です。ＥＵが拡大を続ける中で、参加を熱望しながら認められていない国があります。トルコです。

トルコは、ヨーロッパとアジアにまたがる国家。ヨーロッパとアジアを分けるボスポラス海峡の両側に領土が広がっているからです。そのためトルコは、自分たちはヨーロッパの一員であると主張し、ＥＵ加盟を働きかけていますが、思い通りには進みません。ＥＵに入るための条件を次々に押しつけられているのです。そこには、ＥＵ諸国が、本音ではトルコを仲間に入れたくないという思惑が垣間《かいま》見えます。トルコがイスラム国家だからです。

トルコとしては、国内にイスラム教徒の国民が多いものの、政教分離を貫《つらぬ》いていると主張していますが、主張はなかなか認められません。

こうして見ると、ＥＵは、結局はキリスト教国家の連合だという姿も見えてきます。東西冷戦が終わってから、東欧諸国が次々にＥＵ入りを果たしましたが、いずれもキリスト教の国家でした。カトリックやプロテスタント、あるいはギリシャ正教会に属する信者たちが住んでいる地域なのです。

ギリシャにロシアが手を差し伸べるわけ

二〇〇九年一〇月、ギリシャで政権交代が起きた結果、それまでの政権が、多額の負債を国民に隠していたことが判明し、ギリシャ危機が勃発《ぼっぱつ》しました。ギリシャは、緊縮財政を推進することを条件に、同じ統一通貨ユーロを使用している国々（ユーロ圏）から多額の援助を引き出しました。

ところが、二〇一五年一月の選挙で、緊縮財政に反発する国民世論に支持された急進左派連合が勝利したことによって、雲行きが怪《あや》しくなりました。ギリシャの新政府は、緊縮財政を緩和する一方で、資金援助の拡大・延長を要求したのです。

これには各国とも異議を唱え出します。その結果、ギリシャ救済の見通しもなかなか立たなくなってしまいます。そこに救済を検討すると名乗り出たのがロシアでした。なぜロシアなのか。

そこには二通りの見方が可能です。ひとつは、ギリシャを救済することで、EUの対ロシア包囲網《もう》を打破することです。ロシアが二〇一四年三月にウクライナのク

ヨーロッパの宗教分布

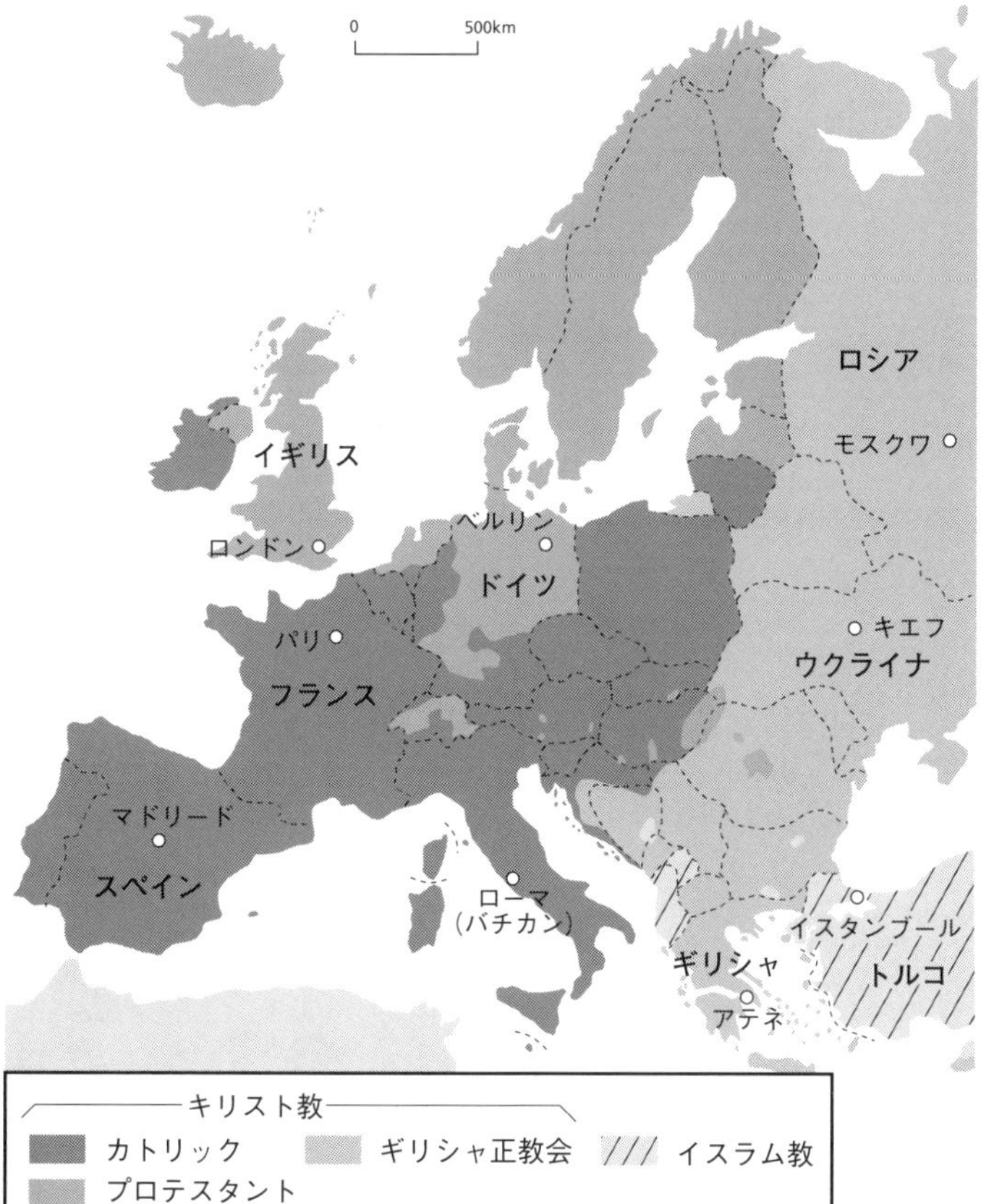

※「中学校社会科地図」(帝国書院)をもとに作成

リミア半島を一方的に併合《へいごう》したことに対して、アメリカやEUがロシア包囲網を形成しています。これを実質的に意味のないものにしよう。これがロシアの思惑です。

もうひとつは、ギリシャもロシアも同じギリシャ正教会（東方正教会）に属するということです。EU諸国が、同じキリスト教圏《けん》であることで、お互いの意思疎通《そつう》がうまくいっているように、困った者同士の助け合いといった意識があるのかもしれません。ギリシャ正教会に属するギリシャに、同じ宗派のロシアが助けの手を差し伸べているのです。

このようにキリスト教を軸《じく》に眺《なが》めると、建前だけでは説明できないニュースの裏側が見えてくるのです。

第3章

世界情勢の根元にあるユダヤ教

浮かびにくい、ユダヤ教のイメージ

増田　ユダヤ教というと、みなさん、どういった印象をもっているでしょうね。

池上　まずナチスドイツによるホロコースト（大量虐殺《ぎゃくさつ》）、あるいはアインシュタインのような優秀な学者たち、はたまたシェークスピアの『ヴェニスの商人』に象徴《しょうちょう》されるような金融《きんゆう》業、ハリウッドの映画人と、それぞれ考えることは違うと思います。

　また、ユダヤ人と日本人の意外な関係もありますね。第二次世界大戦中、リトアニアにあった日本の領事館に勤務していた日本の外交官・杉原千畝《ちうね》は、ナチスドイツの迫害《はくがい》から逃《のが》れてきたユダヤ人たちを救おうと、日本に渡航できるビザを大量に発行しました。そのおかげで、いったん日本に渡った後、アメリカなどに亡命することができたユダヤ人たちがいます。その数は約六〇〇〇人にものぼるんです。

　その子孫たちは、今も日本に感謝していますし、イスラエルが日本に対して好意的であるひとつの理由になっています。

そう考えると、ユダヤ教がどういう宗教かという印象よりも、ユダヤ人をめぐるさまざまな人間像やドラマなどを思い浮かべるのではないでしょうか。

増田　世界史の授業などで学んでいるはずなのですが、ユダヤ教という宗教については、イメージが浮かびにくいように思います。

池上　歴史ということであれば、ヨーロッパを中心に差別と迫害を受け続けてきたユダヤ人、そういった認識はあると思いますが、ではユダヤ教とはどういうものなのかとなると、なかなか理解が及《およ》ばないでしょうね。

増田　ですが、そのユダヤ人とユダヤ教が結びついて思い浮かぶということこそが、ユダヤ人の特徴《とくちょう》であると思います。なぜなら、ユダヤ人と言っても、ユダヤという国や民族はないからです。

ユダヤ人というのは、ユダヤ人の母親から生まれた人、もしくはユダヤ教に入信した人たちのことです。だから、例えばイスラエルに行くと、白人も黒人もアジア人もいます。

池上　ユダヤ人といっても、いわゆる人種とは違いますね。彼らの存在は、ユダヤ教と分かち難《がた》いわけですよね。

増田　彼らが宗教と強い結びつきをもった存在になるには、やはり歴史的な経緯《けいい》がありますす。ユダヤ教がいつ頃《ごろ》できて、どのような教義をもち、それを信仰《しんこう》してきた人たちが辿《たど》ってきた歴史を知ると、彼らがなぜ世界中に移り住んでいくことになったのかが、わかってくると思います。

悪循環の歴史

池上　ユダヤ人が迫害され、世界中に散らばっていかざるを得なくなった大きな理由は、実はキリスト教の『新約聖書』に書いてあります。十字架《じゅうじか》にかけられたイエスを、集まったユダヤ人たちが「処刑しろ」と叫《さけ》んだとあるからです。

ユダヤ人は「キリスト殺し」という汚名《おめい》を着せられ、ヨーロッパのキリスト教社会で差別・抑圧《よくあつ》されていったのです。

増田　ユダヤ教を母胎《ぼたい》とするキリスト教ですが、ユダヤ教徒が迫害される理由とキリスト教の成り立ちはとても密接です。同じ一神教で、つながりをもった宗教であるにもかかわらず、大きな禍根《かこん》を生んでしまう。そして社会的に排除《はいじょ》されることによって、ユダヤ人の信仰や団結力がより強くなる。それがまた彼らの日常の振《ふ》る舞《ま》いにつながって、さらに差別される要因になったりもします。

そうやってユダヤ人たちの苦難の歴史が脈々《みゃくみゃく》と続いていくわけですから、やはり宗教というものは、人間の生活にとって根深いものですね。

池上 ユダヤ教の安息日は、金曜日の日没《にちぼつ》から土曜日の日没です。その時間、ユダヤ人たちは、仕事もせず、火も使わず、みんなで集まって、『聖書』を読んで、静かにゆっくり過ごします。そうすると、キリスト教徒たちからは、ユダヤ人がひそひそ集まり、何かを企《たくら》んでいるのではないかと見られる。こうしてユダヤ人陰謀《いんぼう》論が生まれたりもするわけです。

増田 悪循環《じゅんかん》としか言いようがありませんね。

池上 ユダヤ人が金融業や映画産業といった職業に就《つ》いてきた理由も、彼らが辿《たど》った、差別と迫害を受けてきた歴史から生まれています。

増田　彼らは、差別の結果、土地をもつことが許されませんでした。そうすると、土地を使って何かを生産して、財産を手に入れることが難しくなります。では、どうやって生きていくか。新しい仕事や、彼らしかできない仕事をするしかありません。

また、どうして優秀な学者を多く輩出しているのかということもつながっているのかもしれませんね。ユダヤ人が、子孫に財産を残したいと考えたとき、直接的にお金を与えるか、富を生み出す知恵、つまり教育を与えるという方法しかなかった。そういう状況が、優秀な人材を生み出す素地のようなものになっているのかもしれません。

池上　確かに彼らは、基本的に教育熱心ですよね。また、宗教法とその解釈《かいしゃく》が書かれた『タルムード』を読んでいることが、論理的な思考をつくっているのではないかといった説もあります。ただ、イスラエルに長く駐在していた方に聞いたことがありますが、もちろんユダヤ人にも、優秀な人もいれば、そうでない人もいると。当然ですよね。優れた民族なんていうものは存在しないわけです。

増田　そんなユダヤ人たちが、第二次世界大戦後の一九四八年、イスラエルという国を建国します。これも歴史を遡《さかのぼ》っていくと、さまざまな要因があり、またこの建国が大きな起点になって、現在まで大きな影響を与え続けています。

なぜ中東のあの場所に、イスラエルという国ができたのか。なぜユダヤ教、キリスト教、イスラム教の聖地が、イスラエルのエルサレムという同じ場所にあるのか。そういうことを見ていくと、今起こっているニュースへの理解が深まります。

彼らの思いは理解できる。その一方で、そのために新たな悲劇も生まれた。新たに苦難の道を歩む人たちが生まれてしまい、新たな紛争《ふんそう》も発生する。やりきれない思いがする一方、これが歴史というものなのだな、という思いを強くします。

ではこの後、ユダヤ教について、もっと詳《くわ》しく解説していきましょう。

三つの宗教の聖地　エルサレム

ユダヤ教の聖地（嘆きの壁）、キリスト教の聖地（聖墳墓教会）、イスラム教の聖地（岩のドーム）が点在するエルサレム旧市街。紀元前から対立と共存を繰り返し、今もそれぞれの宗教別に居住区分が分けられている。

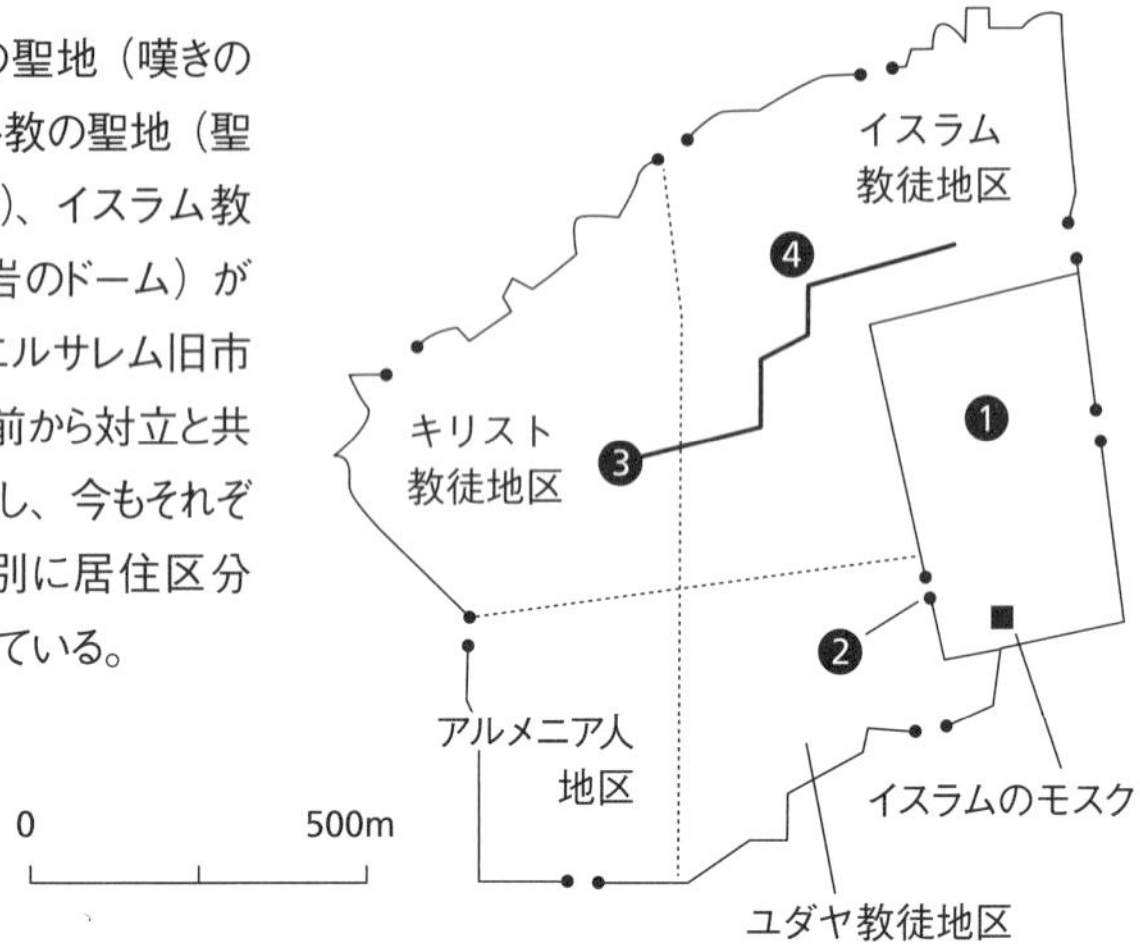

❶岩のドーム

隣り合うイスラム教の聖地
「岩のドーム」と
ユダヤ教の聖地「嘆きの壁」

ムハンマドが天に昇ったあと、降り立ったとされる場所に建てられたのが、イスラム教の聖地「岩のドーム」。この場所にはかつてユダヤ教の神殿があったが、紀元70年に、ローマ軍の侵略によって破壊され、西側の壁だけが破壊を逃れ、「嘆きの壁」として現在ユダヤ教徒の聖地となっている。ユダヤ教徒たちは「岩のドーム」の地中にユダヤ神殿が眠ると主張しているが、現在ここを管理しているのは、イスラム教徒。

❷嘆きの壁

「嘆きの壁」で祈る人たち。壁のむこうにイスラム教の聖地「岩のドーム」が見える。

「嘆きの壁」の隙間に埋め込まれた訪問者たちの手紙。願いがかなうと言われている。

❸キリスト教の聖地「聖墳墓教会」

イエスが十字架にかけられたゴルゴタの丘があったとされる場所に「聖墳墓教会」は建てられた。

❹イスラム教徒地区にあるヴィア・ドロローサ(悲しみの道)

イエスが十字架を担いで歩いたヴィア・ドロローサ(悲しみの道)は、イスラム教徒地区を通って、キリスト教徒地区の聖墳墓教会に続いている。

増田ユリヤ

脈々と続くユダヤ教の信仰

ベーグルを知っていますか？

皆《みな》さんは「ベーグル」というパンを食べたことはありますか？

ドーナツ型で手のひらサイズ、少しボリューム感のあるこのパンは、一九九〇年代ぐらいから、日本でも知られるようになりました。基本の材料は、強力粉、イースト、塩、たったそれだけです。これに水を加えて練り、一度茹《ゆ》でてから焼くというシンプルなパン。卵やバター、油、ミルクなどは使っていません。アレルギーのある人でも安心して食べられて、しかも低カロリー、低脂肪《しぼう》、ノンコレステロールなことから、ヘルシーなパンとして人気が高まったのです。

さて、このベーグル、いったいどこの国の食べ物かご存じですか？

日本には、ニューヨーカーの朝食として人気の食べ物と紹介されたようですが、もともとの発祥《はっしょう》は、一七世紀のヨーロッパ。ユダヤ人のパン職人が作り出したものだと言われています。

その歴史をひもとくと、またもや登場するのが、オスマン帝国です。

一六八三年、オスマン軍がヨーロッパに進出しようと、オーストリアの首都ウィーンを包囲した事件がありました（第二次ウィーン包囲）。このとき、オーストリアを助けたのがポーランド国王です。援軍《えんぐん》を送り、オスマン帝国の侵略《しんりゃく》からオーストリアを守りました。そこで、国王に感謝の気持ちを伝えようと、ウィーンにいたユダヤ人のパン職人が、パンを焼いて贈《おく》ったのがベーグルの始まりであるというのが一説です。大の乗馬好きだったポーランド国王に喜んでもらおうと思って鐙《あぶみ》の形（ドイツ語で beugel［ビューゲル］）に焼いたので、ベーグルと呼ばれるようになったようです。その後、多くのユダヤ人がアメリカに移民したことから、アメリカ、特にニューヨークで人気のある食べ物になっていきました。

食文化と歴史は不思議な因縁《いんねん》があります。日本人にはあまり馴染《なじ》みのないユダヤ教ですが、意外にも、私たちの身近な生活の中にもユダヤ人の文化が溶《と》け込《こ》んでいるのですね。

ユダヤ教に入信すればユダヤ人

ユダヤ人と言っても、ユダヤという国や民族はありません。ユダヤ人の母親から生まれた人、またはユダヤ教に入信した人たちのことをユダヤ人と言います。

ユダヤ教は、これまでお話ししてきたように、イスラム教やキリスト教の大本の宗教でもあります。いったいどんな宗教なのでしょうか。

ひとことで言えば「この世を創り出した唯一《ゆいいつ》の神を信じ、神の言葉を守ると約束した人を神は守ってくれる」ことを信じる宗教です。ユダヤ教の『聖書』（『旧約聖書』）では、唯一の神を「ヤハウェ」と言います。

『旧約聖書』の『創世記』には、「アダムとイブ」「ノアの箱舟」「バベルの塔」などをはじめ、さまざまな物語が描《えが》かれています。そこで共通して見られるのは、ヤハウェは、自分以外の神を信じたり、神に背《そむ》く人間たちを滅《ほろ》ぼしたりしてしまうほど厳《きび》しい神だということです。しかし一方、ヤハウェだけを信じ、正しい行いをする人間は守ってもらえます。

ユダヤ人の歴史

紀元前二〇〇〇年頃、神は、ユダヤ人の始祖アブラハムに「カナンの地を与える」という約束をしたといわれています。カナンの地とは、現在のイスラエルのあたり、当時はパレスチナと言われていた地域です。これが、ユダヤ人にとって、パレスチナ地方は神から与えられた「約束の地」であり、自分たちの土地であると考えるようになった根拠です。アブラハムとその一族は、カナンの地に定住しますが、その後、飢饉《ききん》が続いて生活に困ったため、一部のユダヤ人たちがエジプトに逃げ込みました。彼らはエジプトで、奴隷《どれい》状態となります（当然、ユダヤ教成立以前は、ユダヤ人は存在せず、彼らは、他民族からはヘブライ人、自分たちではイスラエル人と言っていました）。

そこに登場したのが、預言者モーセです。紀元前一三世紀半ば、モーセは奴隷状態にあったユダヤ人をエジプトから脱出させ、カナンの地へと連れ戻します。これを「出エジプト」と言います。その途中、エジプトのシナイ山で、モーセは神から「十戒《じっかい》」を授かりました。わかりやすく表現してみましょう。

①ヤハウェ以外に神があってはならない
②いかなる像もつくったり拝んだりしてはいけない
③神の名前をみだりに唱えてはいけない
④六日間働き、七日目は神のことを考える安息日として休み、働いてはいけない
⑤父と母を敬いなさい
⑥人を殺してはいけない
⑦倫理から外れた男女関係を結んではならない
⑧盗んではならない

⑨隣人《りんじん》（他の人）に関して、嘘《うそ》の証言をしてはならない
⑩隣人の家や財産、妻や奴隷など一切のものを欲しがってはいけない
（『旧約聖書』出エジプト記第二〇章より［意訳］）

この十戒のほかにも、信者が守るべきことはいくつもあり、『聖書』に示されています。

例えば、同じ「出エジプト記」には、有名な「同害報復」があります。「命には命、目には目、歯には歯、手には手、足には足、やけどにはやけど、生傷には生傷、打ち傷には打ち傷をもって償《つぐな》わなければならない」

受けた被害《ひがい》に相応した刑罰をもって償いが成立する、という意味です。

この教えがあるため、イスラエルは自国に対するテロ攻撃があったときなどに、必ずといっていいほど「報復」という形で攻撃をするのかもしれません。ユダヤ人にとって、神の教えを遵守《じゅんしゅ》することは何より重要なことなのです。

ユダヤ教が生まれる

約束の地、カナンに戻ったユダヤ人たちは、そこに自分たちの王国を建てます。紀元前一〇世紀に全盛期を迎えますが、その時代のソロモン王が建てた神殿の跡（新バビロニアに滅ぼされ、再構築ののち、古代ローマ帝国に滅ぼされます）が、現在のエルサレムのユダヤ教徒の聖地「嘆《なげ》きの壁」です。王国はその後、南北に分裂。南にあったユダ王国は、新バビロニアによって滅ぼされ、ユダ王国の人々は、今度はバビロンに連行されます。これが、ユダヤ人のバビロン捕囚《ほしゅう》です（前六世紀）。約五〇年後に解放されたユダヤ人は、その苦難を乗り越え、神への信仰を強く再認識します。ここにユダヤ教が確立するのです（前五世紀）。

選民思想、律法主義、救世主（メシア）がユダヤ教の特徴

ユダヤ教の教えについては、第2章でもお話ししました。唯一神ヤハウェとの契《けい》

約《やく》を守るユダヤ人だけが救われる（選民思想）という教えです。また、ヤハウェとの契約＝律法（トーラー）を頑《かたく》なまでに信じて守ることで（律法主義）、この世の終わりに下される「最後の審判」では、救世主（メシア）が現れ、死者がよみがえると考えています。この「最後の審判」は、キリスト教やイスラム教にもつながる教えです。

ちなみに、キリスト教のイエスは、自身がメシア（救世主）であることを自覚しますが、ユダヤ人たちからの問いには自分がメシアであるかどうかを答えていません（『新約聖書』マタイによる福音書第二六章）。しかし、ユダヤ教の形式的な律法主義や、排他《はいた》的な選民思想を批判したことが、ユダヤ人たちの怒りを買い、イエスは十字架の刑に処せられたのです。

ユダヤ人たちの生活の中心にある律法とは

ユダヤ人たちが守っている律法とは、どのようなものなのでしょうか。その戒律《かいりつ》

＝決まりごとは、全部で六一三項《こう》にもおよびます。

日々の生活を例に、わかりやすいものをいくつかご紹介《しょうかい》しましょう。

まず、一日に三回、神への祈《いの》りをささげます。そして、一週間に一回、金曜日の日没から土曜日の日没までの一日を「安息日（シャバット）」として、一切仕事はしません。この日は、家族で食卓を囲み、『聖書』を読んで静かに過ごします。また、その日は仕事をしてはいけないだけではなく、お料理も日没までにしておかなければいけませんし、火を点《つ》けたり電気のスイッチを押したりすることもダメです。エレベーターのボタンも押せませんから、この日は自動的に各階止まりになります。

エルサレムに取材に行ったときに現地の人に聞いた話ですが、ユダヤ人たちは、万が一、日没後にブレーカーが落ちてしまったときのことを考えて、ブレーカーを上げてくれる非ユダヤ人の知り合いに声をかけてあるそうです。また、そのような決まりがあっても、最近は、温かい食事をしたいと考える人も増え、ホットプレートのタイマーをセットしておくといった工夫をしている家庭もあるそうです。

食べてもよいもの、よくないもの

食べ物にも厳しい規定があります。ユダヤ教の食事の規定はコーシェルといいます。特に肉や魚に関しては、厳しい規定があります。

例えば、肉の場合には、ひづめが割れていて、反芻《はんすう》する動物のものでなければ食べてはいけません。食べられるのは、牛、羊、山羊《やぎ》、鹿などで、食べてはいけないものは、豚やうさぎ、ラクダなどです。豚は、ひづめは割れていますが、反芻しないため、食べてはいけないことになっています。また、屠《と》殺する場合も、動物を苦しめないように頸動脈《けいどうみゃく》を一度で切断する方法をとらなければならず、こうした処理は、十分に訓練を受けた資格のある人しか行うことはできません。

海や湖などからとれる魚介類《ぎょかい》では、ひれと鱗《うろこ》のあるものしか食べてはいけません。ですから、海老やカニ、タコ、アサリなども食べられないのです。こうした規定もすべて『聖書』に書いてあります（『旧約聖書』レビ記一一章・申命記《しんめいき》一四章）。

また、「あなたは子山羊をその母の乳で煮てはならない」（『同』出エジプト記二三章九節）という規定を拡大解釈した結果、肉と乳製品は食事のときに一緒に食べてはいけないとされています。そのため、例えばチーズバーガーや、ハムとチーズのサンドイッチを食べることはないそうです。また、ステーキを食べた後に、デザートとしてアイスクリームや乳製品を使ったものを食べてはいけません。敬虔《けいけん》なユダヤ人はコーヒーにミルクも入れないそうです。そこで、ユダヤ人が多く暮らすニューヨークでは、デザートに豆腐アイスクリームが流行《はや》ったことがあります。牛乳を使っていないから食べても問題ないのですね。

過越《すぎこ》しの祭（ペサハ）を知ると、ユダヤ人がわかる

ユダヤ人を理解するのには、春（三月中旬〜四月頃）の過越しの祭（ペサハ）を知るとよくわかると言われています。これは、ユダヤ教の三大祭のひとつで、奴隷として捕らえられていたユダヤ人が、エジプトを無事に脱出したことを記念した、伝統を誇《ほこ》るお祭りです。

「出エジプト記」によれば、神がエジプトに災《わざわ》いを下そうとしたときに子羊の血を戸口の両柱に塗《ぬ》ったユダヤ人の家だけが災厄《さいやく》を免《まぬか》れ、その後、急いでエジプトを脱出します。これを記念して、この日は子羊（できれば前足。神の手の導きを示します）のローストや苦菜《にがな》、酵母《こうぼ》を入れないパン（マッツア）などを食べて祝います。慌《あわ》ててエジプトをあとにしたので、パンを発酵させる時間がなかったことを追体験して当時の苦難に思いを馳《は》せ、信仰を深めるのです。そのため、今でも過越しの祭の季節になると、イスラエルではスーパーや小売店の店頭からパンをはじめヨーグルトなどの発酵食品がすべて姿を消すそうです。マクドナルドのハンバーガーも、マッツアのような無発酵のパンになるといいます。

過越しの祭は、今でも一〇〇%に近いユダヤ人の人たちが必ず祝う伝統的なお祭りです。この日にユダヤ人の家庭に招待されることは、とても名誉なことで、私の知人（日本人女性）も、ユダヤ人男性と婚約する際、初めて自宅に招かれたのが過越しの祭の日だったと言っていました。

紀元前の時代の歴史の教訓を、現在に至るまで、頑なに信じ、律法を守って暮らしているのが、ユダヤ人なのです。

自国をもてなかったユダヤ人の悲劇

ユダヤ人の歴史に話を戻しましょう。紀元一世紀（七三年）に古代ローマ帝国との戦いに敗れたユダヤ人は、その後、エルサレムへの立ち入りを禁止され、バビロニアをはじめとしたイスラム圏に移住します。

これまでお話ししてきた通り、イスラム圏であれば、ユダヤ教徒でもわずかな人頭税（ジズヤ）や地租《ちそ》（ハラージュ）を支払えば、生活も信仰も保護されてきました。一方、中世ヨーロッパ世界、つまりキリスト教（カトリック）圏では、ローマをはじめ、イギリスやフランスでもユダヤ人は追放され、レコンキスタによってイスラム勢力が一掃《いっそう》されたイベリア半島のスペインやポルトガルからも、同時にユダヤ人は追放されてしまいます。

こうした動きと前後して、一四世紀半ば（一三四七〜五〇年）にヨーロッパで黒死病（ペスト）が流行しました。このとき、ユダヤ人だけはペストにかからなかったので「ユダヤ人がペストを流行させた」という噂《うわさ》が広まりました。その真相は、ユダヤ人がネコを飼っていて、ペスト菌をうつすネズミが住居や居住地にあまりいなかったからでした。しかし、ユダヤ人たちは、安息日の金曜の夜になると家にこもってしまうため、何か悪巧《わるだく》みをしているのではないかという「ユダヤ人陰謀説」まで生まれ、ヨーロッパ各地でユダヤ人の迫害が起こります。ペストの流行後、ドイツや東ヨーロッパにはユダヤ人差別と迫害の象徴でもあるゲットー（ユダヤ人強制隔離居住区）が設けられました。

こうしてヨーロッパ各地に離散《りさん》（ディアスポラ：ギリシャ語）したユダヤ人は、キリスト教社会の中では土地を得られませんでした。土地がなければ、耕作して農作物をつくり、食べることも、税金を納めることもできません。

その結果、行きついたのが金融業でした。カトリックでは、お金を貸して利子を得て儲《もう》けることを禁止していましたので、異教徒であるユダヤ人にしかできない仕事だったのです。こうしてユダヤ人は金融業で財を成していきました。

六〇〇万人が犠牲になったホロコースト

『ヴェニスの商人』のお話をご存じですか。この中には、無慈悲《むじひ》なユダヤ人の高利貸しが出てきます。これがまさに、ヨーロッパ社会におけるユダヤ人のイメージそのものでした。物語の中で「ユダヤ人だからと言って別の血が流れていると思うのか。我々も普通の人間なんだ！」と叫ぶシーンがあります。差別を受けたおかげで金融業で財を成したユダヤ人ですが、結果的により一層差別されてしまうという皮肉な構図が描かれています。

それでもなお、信仰を捨てなかったのがユダヤ人なのです。その団結力の強さ、資金力に対して、キリスト教徒たちは余計に嫌悪《けんお》感を抱きました。

そうした負の感情を利用したのが、ナチスドイツのヒトラーでした。

反ユダヤ主義を唱えて、ユダヤ人の生活権を否定したヒトラーは、「ユダヤ人問題の最終的解決」と称して、各地にユダヤ人の絶滅収容所（強制収容所）をつくり、計画的な大虐殺を実行しました。これが、ホロコースト（ユダヤ人大虐殺）です。

結果的に六〇〇万人ものユダヤ人が犠牲《ぎせい》になりました。

世界遺産にも指定されているポーランドのアウシュビッツ強制収容所の名前をご存じの方も多いことでしょう。『アンネの日記』の著者アンネ・フランクが収容され、二か月間を過ごしたのも、このアウシュビッツの強制収容所でした（亡くなったのは、再移送先のベルゲン・ベルゼン収容所で、チフスによります）。

ユダヤ系ドイツ人だったアンネ・フランク一家が、ナチスのユダヤ人狩りから逃れるためにオランダに移住し、アムステルダムの隠れ家で生活をしていたときに書かれたのが『アンネの日記』でした。現在その家は、「アンネ・フランクの家」という博物館となり、一般公開されています。私が数年前に訪問した際も、シーズンオフの冷たい雨の日にもかかわらず、世界中から来た人たちが建物の前で列をなして並んでいました。室内の急な階段や、隠れ家に続く入口を隠した回転式の本棚を目《ま》の当たりにしたとき、ここで暮らしたアンネに思いを馳せ、何ともいえない気持ちになりました。『アンネの日記』は世界中の人々に、戦争の悲惨《ひさん》さとユダヤ人迫害の歴史を知らせてくれたのです。

ホロコーストの結果、多くのユダヤ人がヨーロッパから逃げ出し、アメリカに渡ります。アメリカでも差別がなかったわけではありませんが、社会進出が妨《さまた》げられるほどではありませんでした。ユダヤ人もアメリカ社会に受け入れられるよう必死に働いたのですね。そのためか、アメリカを代表する著名人には、ユダヤ人が多く見られるようになりました。

ユダヤ人を論理的にするのは宗教儀礼のおかげ？

ユダヤ人は教育熱心で優秀だとよく言われます。もちろん、そうでない人もいますが、差別や迫害を受けながら、自分たちの国家をもてずに、離散して生きていかねばならなかったユダヤ人にとっては、信仰と教育しか頼るべきものがなかったとも言えます。

彼らが優秀だと言われる理由は、宗教儀礼とも関係しているのかもしれません。例えばユダヤ教では、男の子は一三歳になると、宗教上の成人式「バル・ミツヴ

バル・ミツヴァで祝福される13歳の少年。男性たちは白いキッパーと呼ばれる帽子をかぶっている。

ア」があります（実際の成人は一八歳）。それまでに『律法（トーラー）』を暗唱して、バル・ミツヴァのときに披露《ひろう》しなければならないのです。しかも『律法』はすべてヘブライ語（ユダヤ人の言葉で、イスラエルの公用語）ですから、イスラエル以外の国に住む子たちにとっては大変な試練です。また、ユダヤ人は、宗教法とその解《かい》釈《しゃく》が書かれた『タルムード』も読んで勉強していきます。そのため、論理的思考力も高いと言われています。

また、日常生活の面での男女の差別も少なく、女子でも学校に通って教育を受けます。イスラエルでは、女性も一八歳になると、二年弱の兵役の義務があります。

イスラム教のアラブ世界の人たちは、一般に西洋の教育や女子教育を否定していますから、イスラエルとは教育の面で差がついてしまうことは否《いな》めません。

このように、頑なまでに律法を守り、散り散りになりながらも強い信仰によって、今日まで続いてきたユダヤ人とユダヤ教の歴史。それが、今なおパレスチナ紛争をはじめ、各地で起こっている国際紛争の解決を難しくしているのも事実です。

どうすれば、アラブの人たちと互《たが》いに歩み寄りを、紛争の解決へ向けての道を探ることができるのでしょうか。

池上彰
繰り返される報復の歴史

ノーベル賞受賞者を多数輩出するユダヤ人社会

優秀な人が多いユダヤ人――それは差別されてきた歴史があるから。ここまでユダヤ人の歴史を見てきました。こうしたユダヤ人は、現代世界において、どのような立場にいるのでしょうか。

まずは、ユダヤ人の優秀さについて、ノーベル賞受賞者の数で見てみましょう。

ノーベル賞は医学・生理学賞、物理学賞、化学賞、文学賞、平和賞、そして経済学賞の六つがあります。最初の五つはノーベルの遺言《ゆいごん》によってつくられ、経済学賞は、一九六九年になって追加されたものです。総計すると八〇〇人を超える個人に贈られていますが、そのうち少なくとも二〇%はユダヤ人です。

ユダヤ人の人口比率は世界の人口の〇・二%程度であることを考えると、大変な数ですね。

科学の世界では、有名なアルベルト・アインシュタインが物理学賞を受賞していますし、国際政治の分野では平和賞を受賞したヘンリー・キッシンジャー、経済学の分野で受賞したアメリカ人のポール・クルーグマンは、その政治・経済評論で、アメリカ政治に大きな影響力をもっています。

ハリウッドで活躍するユダヤ人

ヨーロッパで差別されて新大陸アメリカに移住してきたユダヤ人は、ここでも差別にあいます。それでも一定の資産をもっていた人たちは、アメリカの金融業界で頭角を現しますが、貧しいユダヤ人は、そうはいきませんでした。

そうした彼らの前にあったのが、勃興期《ぼっこうき》にあった映画産業です。当初、映画は低所得者向けの娯楽《ごらく》でした。この娯楽の魅力を知った貧しいユダヤ人の中から、やがて映画産業に身を投じる人たちが続々と出現するのです。MGMも20世紀フォックスも、ワーナーブラザーズも、パラマウントも、いずれもユダヤ人によって設立された映画会社です。

俳優の世界でも多くのユダヤ人が活躍していますが、名前からユダヤ人であることがわかる場合も多く、それを改名したカーク・ダグラスのような例もあります。

多くの日本人にも知られているユダヤ人の映画監督としては、「ローマの休日」のウィリアム・ワイラーや、「サウンド・オブ・ミュージック」のロバート・ワイズ、「2001年宇宙の旅」のスタンリー・キューブリック、「プラトーン」のオリバー・ストーン、「E.T.」のスティーブン・スピルバーグなど、綺羅《きら》星のごとく人材を輩出しています。

メディアの世界で活躍するユダヤ人

映画と同じくラジオも、アメリカの国民にとっての娯楽に発展しました。その初期の頃からユダヤ人は業界に進出します。ラジオはやがてテレビへと発展し、結果的に、アメリカの放送業界の経営陣にユダヤ人が多く存在するようになりました。

さらにアメリカの政財界に大きな影響力をもつ新聞「ニューヨーク・タイムズ」もユダヤ人のザルツバーガー一族が所有しています。このため、「ジューヨークタイムズ」（ユダヤ人のタイムズ）と揶揄《やゆ》されることもあります。

メディアの世界にユダヤ人が大きな影響力をもつようになった結果、中東問題での取り上げ方や解説などでは、イスラエル寄りの論調になりがちだという指摘もあります。アメリカは親イスラエル国家として知られています。その理由のひとつとして、メディアの影響力が挙げられるのです。

ユダヤ人科学者が原爆開発のきっかけ

ユダヤ人と日本人との関係でいえば、この章の最初の対談で述べたように、日本人外交官の杉原千畝の存在がありますが、もうひとつの関係もあります。アメリカ大統領に原爆の開発を進言し、やがて広島と長崎に原爆が投下されるきっかけをつくった人物がいるからです。それが、アルベルト・アインシュタインでした。

ヨーロッパでナチスドイツが勢力を拡大しつつあるのを見て危険を感じたユダヤ人のアインシュタインは、アメリカに亡命します。ドイツの物理学者がウランの核分裂の可能性についての研究論文を発表すると、この理論が原爆開発につながると気づいたアインシュタインは、一九三九年、アメリカ大統領（フランクリン・ルーズベルト）に親書を送り、原爆開発を提言します。

これを受けてアメリカ政府は、原爆開発に着手（暗号名「マンハッタン計画」）し、原爆を完成させ、一九四五年八月、広島と長崎に投下しました。

広島への原爆投下に衝撃を受けたアインシュタインは、それ以降、平和運動へ乗り出すことになります。

禍根を残したイギリスの三枚舌外交

ヨーロッパで差別・抑圧されてきたユダヤ人たちは、祖国の再建を熱望するようになります。それを利用したのがイギリスでした。

第一次世界大戦でイギリスは、敵国オスマン帝国を弱体化させるため、一九一五年、オスマン帝国の統治下にいたアラブ人の実力者フサインに、戦後パレスチナに「アラブ人の国」を建国することを認めます（フサイン＝マクマホン協定）。

その一方でイギリスは、戦争遂行の資金を獲得するためにユダヤ人たちの協力を得たいと考え、一九一七年、バルフォア外相がユダヤ人富豪にユダヤ人国家建設を支持する書簡を出します（バルフォア宣言）。

さらにイギリスは、戦後この地をフランスと分割する協定を結んでいました（サイクス・ピコ協定）。

二枚舌ならぬイギリスの三枚舌外交でした。この結果、パレスチナの地には、「自分たちの国家が建設できるのだ」と希望に燃えたユダヤ人たちが続々と移住してきます。その結果、そこに住んでいるアラブ人と紛争が起きるようになったのです。

第一次世界大戦が終わると、フランスとの協定通り、パレスチナはイギリスの委任統治領となります。「委任統治」とは、国際連盟の承認を得て、その地域を統治する委任を受けるという仕組みです。体《てい》のいい植民地支配のようなものです。

しかし、これにアラブ人のフサインが怒ったため、イギリスは、現在のヨルダンの地に「トランスヨルダン」の建国を認めました。「トランスヨルダン」とは、「向こうのヨルダン」。ヨルダン川の向こうにアラブ人国家の設立を認めました。トランスヨルダンは、その後、現在のヨルダンになります。

国連に委ねられたパレスチナ問題

第二次世界大戦後、疲弊《ひへい》したイギリスは、パレスチナの委任統治を続けられなくなります。ユダヤ人国家建設を求めるユダヤ人過激派によるイギリス軍兵士に対するテロも続発します。とうとうイギリスは、この地をどうするか、その判断を発足したばかりの国連に委ねます。

戦争が終わってみると、ヨーロッパ全域で、ナチスドイツによって、実に六〇〇万人ものユダヤ人が虐殺されていたことが判明します。ユダヤ人たちは、「祖国がないから、このようなことになるのだ」と帰還運動を始めます。かつてユダヤの王国があった場所＝聖書である『律法』に神から与えられたと記されている「カナンの地」に戻ろうという運動です。この運動は「シオニズム」と呼ばれました。ユダヤの神殿があった場所を見渡せる「シオンの丘」に帰ろうという運動だったからです。

また、世界の人々も、ユダヤ人に同情的になります。ユダヤ人たちを見殺しにしてしまったという後悔の念に駆られる人たちも多かったのです。とりわけ、『アンネの日記』が出版されると、犠牲になった少女アンネの運命を知ってユダヤ人に好意を寄せる人たちも出てきます。

こうした国際世論を背景に、国連は一九四七年一一月、総会で「パレスチナ分割決議」を採択しました。

この決議では、パレスチナの土地の五六・五％を「ユダヤ人国家」に、四三・五％を「アラブ人国家」とし、ユダヤ人とアラブ人（イスラム教徒）双方にとっての聖地エルサレムは「国際管理」にするというものでした。

当時のパレスチナのユダヤ人の人口は全体の三分の一程度でしたから、ユダヤ人に極めて有利な決議でした。この背景には、国連が決議に先立ち、調査団をパレスチナに送って分割案を作成する際、分割に反対だったアラブ人たちは協力せず、ユダヤ人たちは全面協力したことも大きかったようです。

イスラエル建国と中東戦争勃発

一九四八年五月一四日、国連決議にもとづいてイスラエルが建国宣言をしました。国家をもたないユダヤ人たちが、二〇〇〇年ぶりに国家をもてた瞬間でした。

しかし同時に、これが新たな戦争の始まりとなりました。

中東戦争の経緯

①第一次中東戦争（1948～49 年）

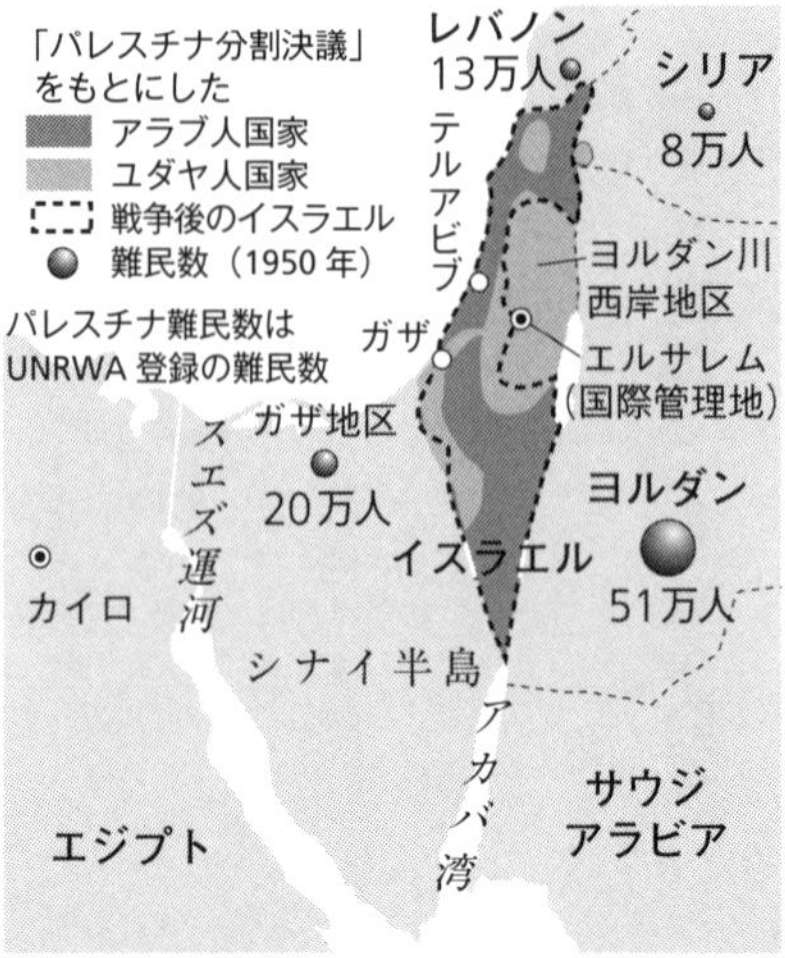

②第三次中東戦争（1967年）

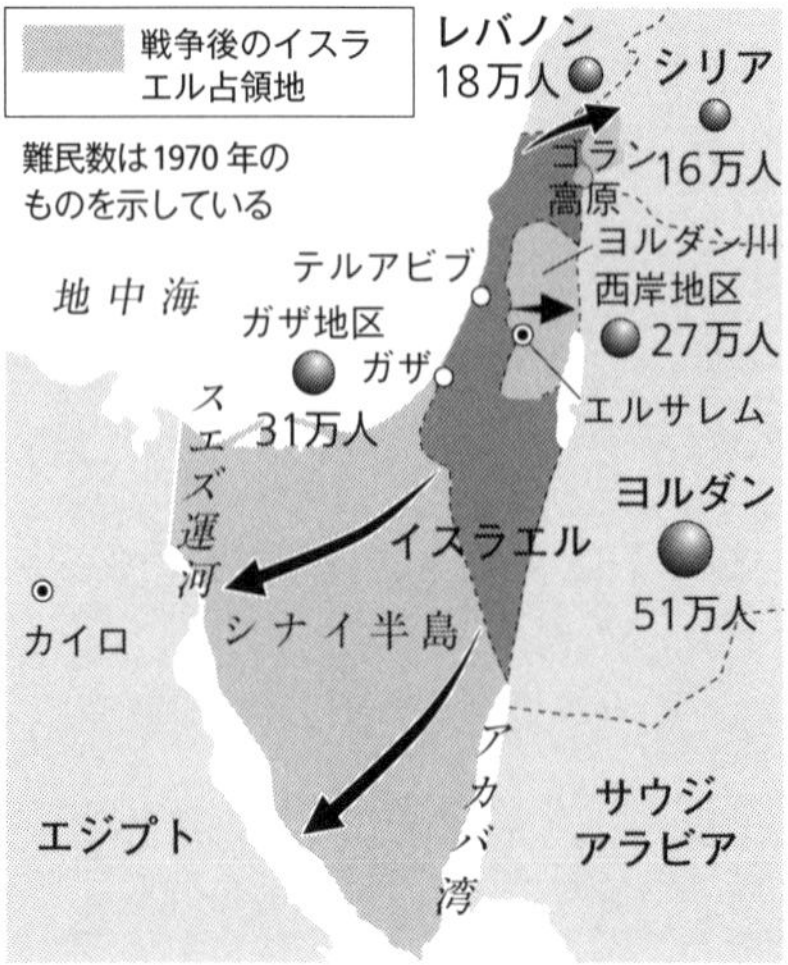

③オスロ合意以後（1993年～）

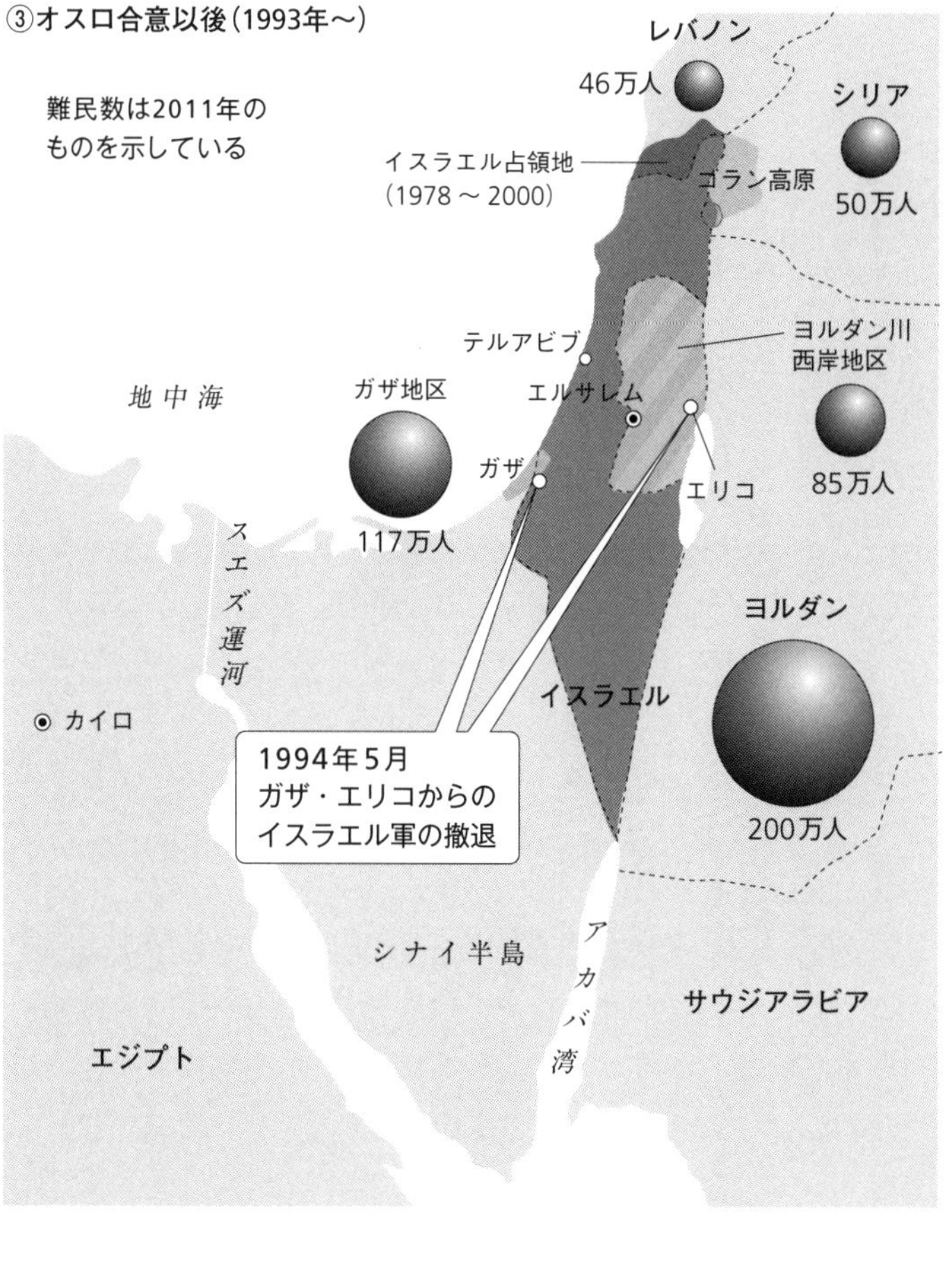

※「アカデミア世界史」（浜島書店）などをもとに作成

この翌日、イスラエル建国を認めないエジプト、トランスヨルダン、シリア、レバノン、イラクの五か国がイスラエルを攻撃したからです。最初の中東戦争が始まりました。これが第一次中東戦争です。この後、中東戦争は計四回も発生することになります。

建国したばかりのイスラエルに対して、攻め込んだのは五か国。アラブ有利に見えましたが、統制のとれないアラブ諸国の軍は、相互の連携もなく、第二次世界大戦中、イギリス軍として戦った経験をもつイスラエルの兵士たちに苦戦を強《し》いられます。馬に乗り、剣を振りかざすアラブ人兵士と、戦車と機関銃を備えたイスラエル軍では、戦力に違いがありすぎました。イスラエルは、建国すれば戦争になるだろうと予測し、第二次世界大戦が終わって必要がなくなった兵器を東欧から密《ひそ》かに買い集めていたのです。イスラエルはこの戦争に勝ち抜き、国連が認めた領土以上の土地を占領します。

パレスチナ難民の発生

この戦争で、約九〇万人のアラブ人が難民となります。パレスチナ問題の発生です。住んでいた土地を離れた難民の土地や建物はイスラエルが没収し、ユダヤ人入植者に渡されました。

一方、アラブ諸国に居住していたユダヤ人は、それぞれの国で迫害を受け、大挙してイスラエルに移住しました。

この戦争の結果、ヨルダン川西岸地区はトランスヨルダンが占領し、ガザ地区はエジプトが占領しました。イスラエルが土地を占領したことによって住む場所を失った難民たちは、ヨルダン川西岸地区やガザ地区に殺到。この二つの地区に大勢の難民が住むようになり、やがて、この二つの地区がパレスチナ自治区になる基盤《きばん》が生まれました。

エルサレムは、神殿の丘や岩のドーム、聖墳墓《ふんぼ》教会のある旧市街（東エルサレム）はトランスヨルダンが占領し、新市街（西エルサレム）をイスラエルが占領し

エルサレム旧市街。

ました。国際管理ではなくなってしまったのです。両国の境界線は地図に緑の線で書かれ、「グリーンライン」と呼ばれました。

第二次中東戦争は一九五六年一〇月に勃《ぼっ》発《ぱつ》します。エジプトがスエズ運河の国有化を宣言したため、これを阻止《そし》しようとしたイギリス、フランスとイスラエルがエジプトに侵攻《しんこう》しました。これにはアメリカが反発して戦争を終わらせました。

第三次中東戦争は一九六七年六月です。エジプトのナセル大統領がイスラエルに対する軍事的圧力を強めたことに危機感を抱いたイスラエルが、エジプトを先制攻撃。わずか六日間でエジプトを敗北させました。

イスラエルは、これを「六日戦争」と呼びました。

この戦争で、イスラエルは、エルサレム旧市街を占領してグリーンラインを撤廃《てっぱい》し、エルサレムを「永遠に分割できないイスラエルの首都」と宣言します。ヨルダン川西岸地区とガザ地区、さらにシナイ半島も占領しました。

国連の安全保障理事会は、この年の一一月、イスラエルに対して、占領地からの撤退を求める決議を採択しましたが、イスラエルは未《いま》だに決議に従っていません。

第四次中東戦争は一九七三年一〇月、エジプトとシリアがイスラエルを奇襲《きしゅう》し、始まりました。イスラエルの諜報《ちょうほう》機関「モサド」は事前に攻撃の情報を入手し、イスラエル政府に通報していましたが、政府は信用せず、油断していたため、当初は苦戦します。ですが、やがてイスラエルは態勢を立て直して、戦争は終わりました。

ユダヤ人は、抑圧されてきた長い歴史の結果、情報の大切さを痛感していました。正確な情報をもってこそ、自国の安全は守れる。そう考えて、世界最強と称《しょう》される諜報機関「モサド」を設立していたのです。

しかし、情報を受けて判断するのは政府。

このときイスラエル政府は失敗したのです。

「土地と平和の交換」

この頃から、アメリカが中東和平に乗り出します。一九七八年には、アメリカのカーター大統領が、大統領の山荘があるキャンプ・デービッドにエジプトのサダト大統領、イスラエルのベギン首相を招き、和平交渉を行い、合意に達します。これは「キャンプ・デービッド合意」と呼ばれました。一九七九年、この合意にもとづき、「エジプト・イスラエル平和条約」が調印されました。

この条約により、エジプトはイスラエルを国家として承認しました。一方、イスラエルは占領していたシナイ半島を一九八二年にエジプトに返還《へんかん》しました。

対立していた相手を国家として認めて平和を獲得する一方、そのために領土を返還する。そこで、これは「土地と平和の交換」と呼ばれました。

しかし、その後サダト大統領は、イスラエルに妥協《だきょう》したとして、国内のイスラム原理主義者の兵士に暗殺されてしまいます。

和平交渉は命がけなのです。

パレスチナ人の反撃始まる

土地を失ったアラブ人たちは、「パレスチナからの難民」として「パレスチナ難民」と呼ばれますが、そのうちに、「自分たちはパレスチナ人だ」という自覚が芽生えます。パレスチナ人という民族が存在するわけではありませんが、あたかも民族であるかのような「パレスチナ人」という言葉が生まれたのです。

彼らは、故郷を奪還《だっかん》するための闘争に立ち上がります。その指導者が、ヤセル・アラファト議長でした。

イスラエルとの戦争の過程で、一九六四年、周辺のアラブ諸国によってPLO（パレスチナ解放機構）が設立されていました。当初は穏健《おんけん》な組織だったのですが、議長に就任したアラファトによって、PLOは戦闘的な組織に変わり、イスラエルに対する抵抗運動を開始します。各地でイスラエルやユダヤ人に対するゲリラ闘争《とうそう》を展開したのです。

これをイスラエルが弾圧します。パレスチナ人とイスラエルの流血の惨事が繰《く》り返されます。かつて抑圧《よくあつ》され続けてきたユダヤ人が、一転して、パレスチナ人を抑圧する側になってしまったのです。実に歴史の皮肉です。しかし、イスラエルのユダヤ人たちは、強くなければ祖国は滅びてしまうという、〝民族〟としての危機感を共有していました。

これは、『アンネの日記』にも記されています。ナチスから逃れるため、オランダのアムステルダムの隠れ家に息を潜《ひそ》めて暮らしていたアンネ・フランクは、やがてユダヤ人としての自覚に目覚め、日記に、こう記していました。

「わたしたちがこういったもろもろの苦難に堪え抜き、やがて戦争が終わったときにも、もしまだユダヤ人が生き残っていたならば、そのときこそユダヤ人は、破滅を運命づけられた民族としてではなく、世のお手本として称揚《しょうよう》されるでしょう」

「神様はけっしてわたしたちユダヤ人を見捨てられたことはないのです。多くの時代を超えて、ユダヤ人は生きのびてきました。そのあいだずっと苦しんでこなくてはなりませんでしたが、同時にそれによって強くなることも覚えました。弱いものは狙われます。けれども強いものは生き残り、けっして負けることはないのです!」(アンネ・フランク著、深町眞理子訳『アンネの日記 増補新訂版』)

ユダヤ人たちは、その信仰の強さによって生き延びてきたことがわかります。常に「強いものは生き残り」と自らに言い聞かせているのです。

「オスロ合意」へ

パレスチナ人とイスラエルによる流血の惨事の連続。これを見かねたのが北欧の国ノルウェーでした。ノルウェーは、ノーベル平和賞の受賞者を決めて授賞式を開く国。日頃から世界平和に貢献したいという思いが強い国です。その使命感から、中東和平の仲介《ちゅうかい》役に乗り出したのです。

首都オスロに密かに両者の代表を招いて秘密交渉を繰り広げ、遂《つい》に「オスロ合意」を取りつけます。ヨルダン川西岸地区とガザ地区にパレスチナ自治区を設定し、住民の選挙で選ばれた自治政府による自治を認める、というものです。一九九三年九月、アメリカのホワイトハウスでクリントン大統領立ち会いの下、オスロ協定が調印されました。

この功績により、ＰＬＯのアラファト議長、イスラエルのラビン首相とペレス外相がノーベル平和賞を受賞します。

しかし、パレスチナ側に妥協したとして、一九九五年、ラビン首相はユダヤ過激派の青年に暗殺されてしまいます。

「敵」と妥協して協定を結ぶと、「仲間」のはずの国民に暗殺されてしまう。それは、エジプトのサダト大統領も同じ運命でした。中東和平は、この危険と隣《とな》り合わせなのです。

一九九六年、パレスチナ住民による選挙が行われ、自治政府議長（大統領に相当）と自治評議会（議会に相当）の議員が選出されました。自治政府議長はもちろんアラファトでした。

パレスチナ自治区との境に作られた「分離壁」。

「分離壁」の建設

しかし、パレスチナ自治区が誕生しても、イスラエルとの対立は続きます。ユダヤ人強硬派の中には、パレスチナ自治区を認めず、中に入植地を作って住むようになる人も出てきます。これをイスラエル政府が支《し》援《えん》。イスラエルの態度に業《ごう》を煮《に》やしたパレスチナ住民の中には、自爆《じばく》テロで対抗する人たちも出てきました。大勢の乗客で混雑するバスの中やレストランの中で自爆する若者が相次ぎました。再び悲劇の始まりです。

イスラエルは、これに対抗し、二〇〇二

年六月から、「パレスチナ人テロリストの侵入《しんにゅう》を防ぐため」として、ガザ地区とヨルダン川西岸地区との境に分離壁《ぶんりへき》の建設を始めました。イスラエルは「フェンス」と称していますが、実態は巨大なコンクリートの壁です。すべてが完成すれば、総延長は七〇〇キロにも及びます。近寄ると、まるで刑務所の壁のようです。

この壁は、ヨルダン川西岸地区に作られたユダヤ人入植地を守るように建設されているため、本来のパレスチナ人自治区が大きく削《けず》られる形になっています。

アラファトの死去、パレスチナ自治区の分裂

二〇〇四年一一月、それまでパレスチナ住民を率いてきたカリスマ指導者アラファトが死去します。これ以降、パレスチナ住民を統率《とうそつ》できる人物がいなくなりました。

アラファト議長は、ＰＬＯ内部にファタハという独自の組織を率いていて、自治政府の幹部はファタハが独占していました。しかしファタハの腐敗《ふはい》はひどく、自治

政府に対してEU諸国や日本から送られた支援物資や資金の多くはファタハ幹部によって横領されてきました。

これに対する住民の怒《いか》りから、二〇〇六年一月に行われたパレスチナ評議会選挙では、ファタハを批判してきた過激派組織ハマスが圧勝しました。

その結果、自治政府議長はファタハのアッバス議長、評議会から選出された首相はハマスのハニヤ首相という対立構造が生まれました。

ハマスは、一九八七年に設立されたイスラム原理主義組織です。生活困窮《こんきゅう》者に対する援助活動で住民の支持を得る一方、殉教《じゅんきょう》を恐れない軍事組織ももっています。ハマスはイスラエルの存在を認めず、武力闘争路線でイスラム国家の樹立を目指しています。このためイスラエルはハマスをテロ組織と断定し、交渉には応じない方針です。それどころか、これまでにハマスの指導者を次々に暗殺してきたのです。

二〇〇七年頃には、ファタハとハマスの対立は決定的となり、ヨルダン川西岸地区のパレスチナ自治区は引き続きファタハが統治するものの、ガザ地区はハマスが支配しました。

一方、イスラエル政府は、「穏健《おんけん》派でイスラエルと交渉するファタハは支援、過激派でイスラエルを敵視するハマスは攻撃」という方針を貫いてきました。ガザ地区からは、それまでもしばしばハマスの武装組織がイスラエルに向かってロケット弾を撃《う》ち込んでいました。その度にイスラエル軍は反撃を繰り返します。それでも、ガザ地区にはファタハとハマスの両者が存在したため、イスラエル軍によるガザ地区攻撃は限定的なものでした。

しかし、ガザ地区にハマスの軍事組織しか存在しなくなってからは、イスラエル軍は、徹底的にガザを攻撃するようになったのです。

ガザ地区での多くの犠牲者

二〇一四年六月、イスラエルの少年三人が誘拐《ゆうかい》・殺害される事件が発生。ガザ地区のパレスチナ過激派が犯行を認めると、イスラエルは、ガザ地区に対する報復攻撃を実施します。「やられたら、やりかえす」。この方針が、現代でも貫《つらぬ》かれているのです。

イスラエル軍の攻撃に対して、ガザ地区内のハマスは手製のロケット弾をイスラエル側に発射して反撃します。この戦闘がエスカレートして、七月にはイスラエル軍がガザ地区に戦車などで侵攻。パレスチナ人に多数の犠牲者が出ました。

ガザ地区は今も分離壁によって囲い込まれ、イスラエルの攻撃によって破壊《はかい》された建物などは、そのままです。下水道などのインフラは整備されず、人々は苦しい生活を強いられています。

かつてヨーロッパのユダヤ人たちは、ゲットーと呼ばれる地区に強制的に住まわされ、自由な行動ができませんでした。今、ガザ地区のパレスチナ人たちは、狭い地区に追いやられて高い壁に閉ざされています。迫害を受けたユダヤ人が、今度は「強いもの」となって、パレスチナ人が迫害される。あまりに残念な事態が続いているのです。

あとがき——世界史を学び直すために

身近なところから考えよう

池上　ニュースをきっかけに歴史を勉強して、また歴史を勉強することによって、ニュースがより深く見えてくる。そんな循環《じゅんかん》を、この本を読んだ皆さんにも実感していただけたでしょうか。

増田　ただ、勉強というと、難しく聞こえてしまうかもしれませんね。

池上　何度も言いますが、私も高校の頃《ころ》、世界史の勉強は大の苦手でした。教科書に書いてある固有名詞を暗記するだけの、テストや受験のための教科といった印象で、勉強する上でのインセンティブも低いですから、つまらなかったんですね。

増田　歴史の教科書は、すごい情報量ですからね。だから教える側の私にとっても、教科書に書いてある厖大《ぼうだい》な歴史についての情報を、とにかくどうすれば漏《も》れなく教えることができるのかばかりに意識が向いていていました。

池上　教科書って、小さなスペースにありとあらゆることが詰め込まれていますからね。

増田　本当に見事に情報が入っています。ただ、必要な情報は確実に書かれているんですが、教科書を読むだけだと、歴史的なつながりは、とてもわかりにくいのも事実です。

教師になって三年目に、NHKでも働き始めました。テーマを自分で決めて取材をし、それをテレビやラジオを通して自分の言葉で伝えるという仕事です。この仕事に就《つ》いたことで、私自身の教えることに対する考え方が劇的に変化します。どうやったら情報をわかりやすく伝えることができるだろうということを深く考え、まず何より、自分がよく理解していないことを誰《だれ》かに伝えるなんて、当然できるわけがないことに気がついたのです。

それでは、普段《ふだん》の自分の授業はどうなんだろうと。ただ教科書に書いてあることを、深い理解や実感もないまま教えていても、生徒たちだって興味はわかないし、つまらないだろうと思いました。

生徒たちに、ただ教科書に書いてある重要な固有名詞だから覚えろと言っても、テストに出るかもしれないから覚えるだけでしょう。しかし、これが重要だということを、教える側がもっと理解を深めて実感をもった上で、その理由がわかるように伝えられれば、生徒たちにも変化があるのではないかと思ったんです。

今回の本であれば、ある宗教がどういう環境《かんきょう》で生まれて、どういう人たちが信じていて、その人たちはどういう国に住んでいるんだろうといった具合に調べていきます。例えば暑い国なのか、寒い国なのか、そんなことからでいいと思うんです。その中で自分の興味と結びついたり、実感を得られる事柄があれば、教えるとき、話も具体的になるし、それを聞いてくれる人たちにとっての身近な何かとつながってくれるかもしれません。そこから興味や理解が広がっていく可能性が高くなると思うんです。

池上　私も国際ニュースを伝えるようになってから、世界史を知った上で、ニュースを考えると、いろいろなものが鮮明に見えてくることがわかりました。それで歴史はおもしろいと思うようになりました。だからそうやって歴史を知っていくことで、今起こっていることが理解できてくる感覚を、皆《みな》さんにも伝えたいと思っているんです。

増田　世の中の出来事を伝えるときに、勉強したことを、どうやって使っていったらいいのかを考え出すようになったわけですよね。そして、勉強したことが今の自分につながるんだということを知ってほしいと思います。

読者の皆さんからすると、教師や情報を伝える仕事をしている私たちは少し特別と思われるかもしれませんが、基本にあるのは、自分たちの学んできたこと、学んでいることを、仕事でも勉強でも趣味《しゅみ》でも何でもいいですから、とにかくどうやって自分の生活や身近なもの、興味があるものと結びつけて考えられるかなんです。身近なものや興味があるものが入口になれば、知りたいという気持ちは、どんどん広がっていくのではないでしょうか。

ますます必要になってくる世界史の知識

池上　東京工業大学をはじめ、いくつかの大学で現代史を教えていると、歴史が苦手という学生がたくさんいます。高校生の頃の私と同じで、世界史なんて単なる暗記課目で、本当につまらないと思っている。しかし、授業でそんな学生たちに、実は過去にこういうことが起こったから、今こういうことが起こっていると、因果関係を説明すると、彼らは目を輝かせます。論理的な道筋が立つことで理解が増して、おもしろいと思ってくれるわけですね。

増田　改めて歴史の教科書や図表を見直すだけでも、きっとたのしいと思います。習った覚えがある言葉を思い出したり、最近のニュースと関わりがあることに気づいたり、こんなことが書いてあったのかと思われることも多いのではないでしょうか。そう考えると、暗記ばかりでは困るのですが、この言葉は昔習って知っているという意識は、歴史を知ろうとするきっかけとしては重要です。やはり習ったことをどう使うかは、たいせつな気がします。

また最近は、歴史の研究が進んで、教科書にも以前教わったこととは違う記述があったりしますから、どこが変わっているんだろうといった読み方もできると思います。カナ表記なども、「エルサレム」を「イェルサレム」、「メッカ」が「マッカ」と表記されていて、原語の発音に近い表記になっています。なお、私たちのこの本は、一般的なマスコミ表記にしたがって記述しています。

そして最近の教科書や資料集は、きっと池上さんの影響があると思うんです。わかりやすい図表などがたくさん使われるようになってきていると思います。

池上　それはどうなんでしょうね。社会人は、世界史であれば、近現代史を中心とした高校の「世界史A」の授業をきちんと学んでおけば十分だと考えています。「世界史A」の教科書は、やはり情報量は多いのですが、相当わかりやすい記述になっていますから、それをもっておいて、ニュースやテレビ番組などで、とにかく気になったことがあれば、教科書を開いて調べてみるだけでも、たくさんのことが見えてきたりします。

増田　大人になると、人間関係も広がるし、さまざまな考え方に触《ふ》れる機会も増えます。そうやって人生経験を積み重ねると、歴史の見方は確実に変わります。だから自分が気になったり、興味のあるところでいいので、改めて世界史に触れると、また違う感覚で世界が見えてくると思うんです。

池上　二〇二〇年の東京オリンピックまでに、海外からの旅行者を二〇〇〇万人に増やそうと、政府が目標を立てたり、介護《かいご》職などの外国人労働者の受け入れたりするようになっています。これからの日本は、よりいろいろな国の人たちと接する機会が増えていくと思います。

増田　いろいろな国があって、もちろん外国人にも個人個人さまざまな考えの人がいます。それでも世界史を知っていれば、そこから相手の国や地域の話題に話が広がったりすることもあるでしょう。そして彼らの考え方や行動の背景にどのようなものがあるのかを理解し、共に生きていくためにも、改めて世界史や宗教について学ぶことは、とてもたいせつです。とにかく身近なところから、興味をもっていただけたらと思います。

主要参考文献

■『アラブ』世界の食文化⑩／大塚和夫ほか著／石毛直道監修／農文協／二〇〇七年
■『アンネの日記 増補新訂版』アンネ・フランク著／深町眞理子訳／文藝春秋／二〇〇三年
■『イスラームから世界を見る』内藤正典／ちくまプリマー新書／二〇一二年
■『イスラーム国の衝撃』池内恵／文春新書／二〇一五年
■『イスラム教の本――唯一神アッラーの最終啓示』Books Esoterica 第14号／学研／一九九五年
■『イスラム国――テロリストが国家をつくる時』ロレッタ・ナポリオーニ著／村井章子訳／文藝春秋／二〇一五年
■『イスラム国の正体』国枝昌樹／朝日新書／二〇一五年
■『イスラム・スペイン千一夜』小西章子／中央公論社／一九九五年
■『ヴェニスの商人 改訳』シェイクスピア作／中野好夫訳／岩波文庫／一九七三年
■『オスマン帝国――イスラム世界の「柔らかい専制」』鈴木董／講談社現代新書／一九九二年
■『キリスト教』ブライアン・ウィルソン著／田口博子訳／春秋社／二〇〇七年
■『キリスト教入門』山我哲雄／岩波ジュニア新書／二〇一四年
■『コーラン』井筒俊彦訳／岩波文庫／一九六四年
■『コーラン』藤本勝次・伴康哉・池田訳／中公クラシックス／二〇〇二年
■『砂糖のイスラーム生活史』佐藤次高／岩波書店／二〇〇八年
■『砂糖の世界史』川北稔／岩波ジュニア新書／一九九六年
■『サラディン――イェルサレム奪回』世界史リブレット㉔／松田俊道／山川出版社／二〇一五年
■『十字軍――その非神話化』橋口倫介／岩波新書／一九七四年
■『十字軍と地中海世界』世界史リブレット⑩⑦／太田敬子／山川出版社／二〇一一年

■『図説 世界史を変えた50の食物』ビル・プライス著／井上廣美訳／原書房／二〇一五年
■『図説 ローマ・カトリック教会の歴史』エドワード・ノーマン著／百瀬文晃監修／月森左知訳／創元社／二〇〇七年
■『聖書』新共同訳（和英対照）／日本聖書協会／二〇〇四年
■『世界史の中のパレスチナ問題』臼杵陽／講談社現代新書／二〇一三年
■『ダ・ヴィンチの「最後の晩餐」はなぜ傑作か？――聖書の物語と美術』高階秀爾／小学館101ビジュアル新書／二〇一四年
■『統治の諸規則』アル＝マーワルディー著／湯川武訳／慶應義塾大学出版会／二〇〇六年
■『日亜対訳クルアーン』中田考監修／中田香織・下村佳州紀訳／黎明イスラーム学術・文化振興会責任編集／作品社／二〇一四年
■『ハディース――イスラーム伝承集成』牧野信也訳／中公文庫／二〇〇一年
■『プロテスタンティズムの倫理と資本主義の精神』マックス・ウェーバー著／中山元訳／日経BP社／二〇一〇年
■『迷宮美術館――アートエンターテインメント』NHK『迷宮美術館』制作チーム／河出書房新社／二〇〇六年
■『ユダヤ教の本――旧約聖書が告げるメシア登場の日』Books Esoterica 第13号／学研／一九九五年
■『ユダヤとは何か。――聖地エルサレムへ』pen BOOKS19／ペン編集部編／市川裕監修／阪急コミュニケーションズ／二〇一二年
■『池上彰の宗教がわかれば世界が見える』池上彰／文春新書／二〇一一年
■『大人も子どももわかるイスラム世界の「大疑問」』池上彰／講談社＋α新書／二〇〇二年
■『グローバルワイド 最新世界史図表 新版』第一学習社／二〇一三年

■『詳説 世界史研究 改訂版』 山川出版社／二〇〇八年
■『世界史のための人名辞典 新装版』 水村光男編著／山川出版社／二〇一四年
■『世界史B用語集 改定版』 全国歴史教育研究協議会編／山川出版社／二〇〇八年
■『世界史』 A・B 文部科学省検定済教科書 高等学校地理歴史科用 各種

■外務省「国・地域別の情報」 http://www.mofa.go.jp/mofaj/area/index.html
■ニコライ堂（東京復活大聖堂教会） http://nikolaido.org
■ミルトス「イスラエル・ユダヤ情報バンク」 http://myrtos.co.jp/info_bank_juda.php

本書は2015年6月に『世界史で読み解く現代ニュース〈宗教編〉』として、ポプラ新書より刊行したものを、ルビを加え事実関係については追記して選書化しました。

編集協力：創造社

★池上彰（いけがみ・あきら）

1950年、長野県生まれ。慶応義塾大学卒業後、NHKに記者として入局。事件、事故、災害、消費者問題、教育問題等を取材。1994年から2005年まで「週刊こどもニュース」に出演。2005年に独立。2012年から16年まで東京工業大学教授。現在は名城大学教授。海外をとびまわり取材・執筆を続けている。著書に『伝える力』（PHPビジネス新書）、『おとなの教養』（NHK出版新書）、『知らないと恥をかく世界の大問題』シリーズ（角川新書）など多数。増田ユリヤとの共著に『世界史で読み解く現代ニュース』シリーズ、『ニュースがわかる高校世界史』（ポプラ新書）などがある。

★増田ユリヤ（ますだ・ゆりや）

神奈川県生まれ。國學院大學卒業。27年にわたり、高校で世界史・日本史・現代社会を教えながら、NHKラジオ・テレビのレポーターを務めた。日本テレビ「世界一受けたい授業」に歴史や地理の先生として出演のほか、現在コメンテーターとしてテレビ朝日系列「グッド!モーニング」などで活躍。日本と世界のさまざまな問題の現場を幅広く取材・執筆している。著書に『新しい「教育格差」』（講談社現代新書）、『揺れる移民大国フランス』（ポプラ新書）などがある。池上彰とテレビ朝日「ワイド!スクランブル」のニュース解説コーナーを担当している。

A Door to
the Future

ポプラ選書　未来へのトビラ

世界史で読み解く現代ニュース〈宗教編〉

2019年4月　　　第1刷発行

著者　池上彰・増田ユリヤ

発行者　長谷川 均

編集　木村やえ

発行所　株式会社 ポプラ社
〒102-8519 東京都千代田区麹町4-2-6
電話 03-5877-8109(営業)03-5877-8112 (編集)
一般書出版局ホームページ www.webasta.jp

ブックデザイン　bookwall

印刷・製本　中央精版印刷株式会社

N.D.C.209/254P/19cm ISBN978-4-591-16093-0

P4147006